La Luna

Amalia Peradejordi

La Luna

Clave del horóscopo

EDICIONES OBELISCO

Si este libro le ha interesado y desea que le mantengamos informado
de nuestras publicaciones, escríbanos indicándonos qué temas son de su interés
(Astrología, Autoayuda, Ciencias Ocultas, Artes Marciales, Naturismo,
Espiritualidad, Tradición…) y gustosamente le complaceremos.

Puede consultar nuestro catálogo en www.edicionesobelisco.com

Colección Astrología
La Luna
Amalia Peradejordi

1.ª edición: junio de 2022

Prólogo: *Cuca Mas*
Corrección: *TsEdi, Teleservicios Editoriales, S. L.*
Diseño de cubierta: *Enrique Iborra*

© 1985, 2022, Amalia Peradejordi
(Reservados todos los derechos)
© 2022, Ediciones Obelisco, S. L.
(Reservados los derechos para la presente edición)

Edita: Ediciones Obelisco, S. L.
Collita, 23-25. Pol. Ind. Molí de la Bastida
08191 Rubí - Barcelona - España
Tel. 93 309 85 25
E-mail: info@edicionesobelisco.com

ISBN: 978-84-9111-870-1
Depósito Legal: B-10.031-2022

Impreso en España en los talleres gráficos de Romanyà/Valls S. A.
Verdaguer, 1 - 08786 Capellades - Barcelona

PRÓLOGO

«La luz es la sustancia de toda manifestación». Recuerdo las palabras del rabino Moshe en una conferencia de Kabbalah en Barcelona a la que asistí hace algún tiempo. Esta luz necesita un recipiente, un cuenco contenedor. Sin un receptor, ¿qué sentido tendría emanar?

La Luna es la intermediaria entre el cosmos y la Tierra. Es una lente que recolecta la luz de los astros y la disemina en nuestro mundo sublunar. Los primeros calendarios fueron lunares, y precisamente este calendario primitivo evidencia que hay una observación sistemática del cielo. La Luna ha sido objeto de interés por sus cambios de fase, por los eclipses y por su relación con los fluidos. Da nombre al primer día de la semana. También decimos que una persona tiene un carácter lunático. La Luna contribuye al desarrollo de la germinación y fructificación de los cultivos, modula la savia de las plantas e interviene en la fotosíntesis alcanzando su máxima expresión en la agricultura biodinámica.

Las primeras civilizaciones, allá por el año 3000 a. C. se asientan en la antigua Mesopotamia. En aquel tiempo las formas de adivinación eran oraculares. Los primeros presagios se tomaron leyendo las vísceras de un animal. Interpretaban la intensidad de las lluvias, la fuerza de los vientos, el color del cielo. Más tarde fueron tomando aquellos elementos del firmamento que más les llamaban la atención, aquellos que, bajo el manto uniforme y regular de las estrellas, se salían de lo ordinario, como los cometas o los eclipses. La Luna, con sus continuos cambios de fases, invitaba a contemplar el fenómeno con fascinación sugiriendo que tal vez estos cambios podían tener un reflejo análogo en la Tierra.

La Astrología es un proceso muy elaborado, es el resultado de una larga observación y reflexión, y no es fruto del azar, sino de una inteligencia «ordenatricia». La Astrología es la consecuencia de pensar y observar un mundo cíclico donde todo parece que retorna al mismo lugar. De ahí el mito del eterno retorno implícito en casi todas las culturas tradicionales. Todo gira alrededor de un mismo eje, ya sea el mundo o la persona. Por lo tanto, nos movemos dentro de una idea cíclica en el tiempo. De esto nace la idea de previsión, porque en el firmamento se establecen unas constantes. Si puedo concretar unas constantes en el cielo, puedo desarrollar una fórmula, hacer una previsión que ligue sucesos y astros, porque existe una regularidad en sus movimientos. Así, cuando los astros retornan a una posición donde he registrado un suceso, es probable que ocurra algo parecido, prestando también atención a las variables que enriquecen las posibilidades de lectura.

La Astrología, como muchas otras disciplinas tradicionales, no es algo fortuito que se propaga a través de los años, ni es un hecho popular que subsiste en la historia, sino que sigue una línea muy localizada y precisa transmisión. De Caldea y Babilonia, la Astrología pasa esencialmente sin cambios a través de los persas hasta Grecia y se incorpora al mundo helénico. Tras las sucesivas destrucciones de la gran biblioteca de Alejandría, los árabes, de algún modo rescatan este legado llevándose los libros supervivientes a Túnez y a Tumbuktú, sede de una de las primeras universidades del mundo. Alfonso X el sabio crea la escuela de traductores de Toledo y traduce al castellano los libros que llegan a España, conservándose algún ejemplar en la biblioteca del monasterio del Escorial. La cultura vuelve a experimentar un auge con la proliferación de las construcciones de las grandes catedrales y la tradición de los maestros canteros. La astrología, la mística y la sagrada geometría se unen dejando su huella para siempre en los claustros góticos y en las catedrales.

El siglo xx, ha sido una eclosión de acontecimientos que han ido sucediendo de forma vertiginosa, y la Astrología no ha escapado a este destino. En la actualidad disponemos de escritos valiosísimos traducidos directamente del latín lo que nos ha permitido llegar a las fuentes, a los textos originales de los grandes maestros astrólogos de todos los tiempos. Gracias a estos trabajos y al esfuerzo de algunos colectivos, parece que, ya entrados en el siglo xxi, la Astrología va retomando el camino que la acerca cada vez más a sus fuentes originales.

Desde Oriente hacia Occidente, se desarrolla un conocimiento, una inquietud espiritual que ha sido transmitida, vivida y cultivada a lo largo de la historia. La Astrología forma parte de este conocimiento y de este espíritu. Amalia ha sabido traducir este lenguaje con sensibilidad y precisión acercándonos este legado a través de la Luna como «clave del horóscopo».

Este libro nos habla de la combinación de los elementos fuego, tierra, aire y agua y de sus cualidades. Nos describe cómo afecta la Luna a través de estos elementos en cada uno de los signos del zodíaco.

Dentro del corpus astrológico, la distancia que separa los planetas entre sí y con la Luna se denomina aspecto, del latín 'aspectare', «mirar». Dentro de esta forma de «mirarse», subsiste la idea implícita de conversación. Estos diálogos que establecen los astros entre ellos y con nosotros se refleja especialmente en el capítulo: «Los aspectos astrológicos de la Luna».

A continuación, la autora nos acerca a comprender mejor el mundo íntimo y de las emociones de personajes históricos tan distintos e interesantes como Mozart, Edgar Allan Poe, Marcell Proust y la ya más cercana Marina Rossell.

La Luna y su afinidad simbólica con la mujer merece un capítulo especial en este libro. Así tal y como dice Amalia: «... poder comprobar la enorme influencia que sobre la mujer y la salud ejerce la Luna».

Quiero agradecer a Juli Peradejordi el haberme propuesto escribir el prólogo de este libro que me llamó la atención cuando lo encontré por primera vez hace ya algunos años en una librería de la calle Princesa y me emocionó al ver que su autora es mi amiga de la infancia, Amalia.

Viajemos pues a través de la historia y dejemos que la magia de la Luna conduzca nuestra fantasía hacia las emociones más profundas.

CUCA MAS
Barcelona, marzo 2022

LA LUNA

La Luna, el único satélite de la Tierra, se encuentra a una distancia aproximada de unos 383 404 km de nuestro planeta. Carece de atmósfera y agua, su gravedad es seis veces menor que la de la Tierra y su diámetro ecuatorial es de 3 473 km. Gira sobre sí misma, al mismo tiempo que, en 27 días y unas 7 horas, recorre su órbita en torno a la Tierra. En este giro alrededor de nuestro planeta tienen lugar las distintas fases lunares.

Desde el punto de vista astrológico, que es el que tendremos en cuenta en este libro, podríamos considerarla como la antítesis del Sol, ya que si éste representa la plenitud y la conciencia de vida, todo lo que aparece y puede brillar con luz propia, la Luna es símbolo de la infancia, de lo oculto, de lo inconsciente e ilusorio. No olvidemos que su luz es tan sólo un pálido reflejo de la luz solar.

Teniendo en cuenta que su traslación alrededor del zodíaco es de sólo unos 27 días, podremos llegar a entender por qué siempre se la ha asociado con la idea de movilidad, de flexibilidad, de variación y de cambio.

La Luna ejerce una gran fuerza de atracción sobre la Tierra. Con respecto a la naturaleza, rige la fertilidad y el crecimiento, todo lo que es cíclico y fluctuante (su influencia es básica en las mareas). También representa al elemento acuoso, a todos los seres que viven en las aguas y a los animales nocturnos. Con respecto a la mujer, su relación es de suma importancia, ya que está íntimamente ligada a todo el proceso de gestación y de parto.

También es significativo que el ciclo menstrual de la mujer, por lo general, y del mismo modo que el lunar, suele ser de unos 28 días.

La Luna simboliza al pueblo, a las masas y al público, y, además, guarda una estrecha relación con todo lo primario y atávico, con los ritos y la magia.

Dueña de nuestros sentimientos y de nuestras emociones más profundas, la Luna gobierna la imaginación, los sueños, la receptividad y, junto con Mercurio, la memoria. Crea un gran apego hacia el pasado, hacia los recuerdos, el folclore, la historia y todo lo que, en cierto modo, nos remite a tiempos anteriores.

El carácter lunar es cambiante, inestable y extremadamente influenciable. Otorga un gran valor al ambiente que le rodea, ya que, al ser sumamente dependiente, se dejará envolver y sugestionar por él. El sueño, la contemplación y el instinto, así como toda una serie de cualidades pasivas, son características lunares.

El físico lunar típico (por lo general) es de tipo linfático. La estatura suele ser pequeña, la cabellera, abundante, y la tez, pálida. Las formas son redondeadas (con tendencia a la obesidad), y los ojos, grandes, con una expresión soñadora o de sorpresa. La barbilla suele ser algo redondeada, y los labios, gruesos.

El destino del lunar estará siempre poblado por grandes cambios, debidos, en la mayoría de ocasiones, a su propia inseguridad.

Su carácter sociable y su necesidad de crear un hogar lo inclinarán, en la mayoría de los casos, a la temprana formación de una familia. También existe otro tipo de persona lunar: el tipo bohemio, vagabundo, que, a pesar de viajar siempre sin rumbo fijo, necesitará tener algún lugar que él considere suyo adonde poder regresar.

La posición de la Luna en el tema nos indicará el grado de sensibilidad de la persona, su receptividad, su tipo de imaginación y su capacidad de ensoñación.

A nivel emocional, la posición de la Luna activará todo aquello que permanece en estado latente, obligándolo a manifestarse. Explica también las relaciones y el contacto que se establecerá con el ambiente.

En un tema femenino, la Luna indica la forma de ser y de actuar como mujer, el grado de sensibilidad y de feminidad. Y en un tema masculino, la madre se verá reflejada por esta posición, así como por la forma que tenga el sujeto de sentir y considerar al elemento femenino.

Cuadro sinóptico

Luna. Femenina, negativa, fría y húmeda (ego receptivo).
Domicilio en Cáncer, exaltación en Tauro (¿Piscis?).
Exilio en Capricornio, caída en Escorpio (¿Virgo?). Corresponde a la Casa IV.

Simboliza: el pueblo, las masas, los cambios, la mujer, la familia, la madre, la infancia, el hogar, las relaciones con el público, el elemento acuoso (lagos, ríos, mares, etcétera).

LA LUNA EN LOS ELEMENTOS

LA LUNA EN FUEGO

El fuego es un elemento positivo y, por tanto, de extroversión. Su energía es excitable y entusiasta. En este elemento nos encontraremos frente a la esencia dinámica y activa del ser bajo su forma más pura.

Con la Luna situada en un signo de fuego, existen infinitas posibilidades de poseer una naturaleza extrovertida. En este elemento, el sentido del riesgo está muy desarrollado, y la Luna, por lo general pasiva y muy dada a la contemplación, se torna aquí activa, emprendedora y entusiasta.

Las personas con la Luna en fuego, por lo general, poseen una elevada opinión de sí mismas, ya que confían plenamente en sus propias posibilidades.

Tienen un instinto de protección muy desarrollado y, aunque a veces se impacientan con los más débiles, nunca lo hacen con malas intenciones; simplemente no saben esperar.

Al faltarles un poco de autocontrol pueden, por su forma de expresarse directa, llana y explosiva, cautivar a los demás, aunque la mayoría de las veces lo único que consiguen es herir a los más sensibles.

En este elemento, la Luna es extraordinariamente decidida, y actúa casi siempre sin pararse a pensar en las consecuencias. Aunque conserve algunas características comunes, la Luna influirá de distinta forma en cada uno de los tres signos de fuego. Para un estudio más completo, he aquí las distintas formas de influencia:

Luna en Aries

El primer signo de fuego en el que podemos encontrar a la Luna es el de Aries. Se trata de un signo positivo, cardinal y regido por Marte.

La Luna en Aries, debido al influjo marciano, es una Luna un poco masculinizada. Las mujeres con esta posición lunar en el tema son personas con más tendencia a proteger a los demás que a ser protegidas.

Físicamente y, por lo general (aunque existen excepciones), suelen tener un aspecto bastante varonil. Son muy enérgicas y emprendedoras, y con esta posición lunar, más que con ninguna otra, nos encontramos frente al prototipo de mujer emancipada, de negocios, independiente, e incluso deportiva.

Con respecto al hombre, sobre todo si el resto del tema se presenta débil, un Sol y/o ascendente en Cáncer o Piscis, un Marte en Libra o Cáncer, etcétera, una Luna en Aries suele ser indicio de una madre muy dominante que tenderá a moldear al sujeto desde su más tierna infancia. Considerará a su hijo siempre como a un niño al que hay que defender, proteger y mimar, aunque éste ya supere los cuarenta años. Digno de tener en cuenta es el importante papel que jugará la madre en la vida del sujeto y la enorme dificultad que tendrá éste para desprenderse de su imagen.

Y ya, de forma más generalizada, una Luna en Aries da lugar a personalidades en cierto sentido infantiles y egocéntricas.

Es una Luna temperamental, espontánea e imprudente. Es difícil (a menos que el resto del tema se presente muy débil) que las personas con dicha posición lunar se hundan con facilidad, ya que son unas luchadoras innatas, tienen un gran espíritu de empresa y los obstáculos, en lugar de detenerlas, las impulsan a seguir luchando.

Desprenden tanta vitalidad que incluso a veces pueden parecer algo agresivas. Necesitan sentirse capaces de realizar grandes proezas, ya que, en el fondo, tienen cierto «complejo de héroe».

Su imaginación es fértil, viva y despierta, pero se inclinan más hacia la acción que hacia la ensoñación, ya que son mucho más prácticas que teóricas.

En resumen: una Luna en Aries es una Luna vital, espontánea, independiente, ambiciosa, algo caprichosa y, sobre todo, muy personal.

Luna en Leo

El segundo signo de fuego en el que se puede encontrar la Luna es en Leo. Éste es un signo positivo, fijo y gobernado por el Sol.

Las personas con esta posición lunar en el tema, son, ante todo, unas personas con una gran confianza en sí mismas. Adoran sentirse el centro de atención, ya que son muy sensibles a los halagos. No se las puede tachar de ruines ni de rastreras, puesto que, por el contrario, rechazan las bajezas y son enemigas acérrimas de todo lo que signifique mediocridad. Por eso mismo, a veces pueden llegar a pecar por ser demasiado selectivas en sus relaciones.

La Luna en Leo es una Luna orgullosa y egocéntrica, pero quizá sea también la más noble de todo el zodíaco. Desde luego si se tuviese que elegir una frase para definirla, ésta sería sin duda «Noblesse oblige».

Tienen una gran amplitud de miras, no reparan en los pequeños detalles ni en las nimiedades y, a menos que el resto del tema presente otras connotaciones, son las personas menos mezquinas con las que podemos encontrarnos, ya que cuando ofrecen algo, lo hacen de corazón.

Están mucho más capacitadas para mandar que para obedecer, puesto que tienen grandes dotes de organización y no se conforman fácilmente con ser unos simples subordinados.

Sus aptitudes para dirigir y sus deseos de mando las hacen muy populares entre su círculo de amistades, ya que, además, poseen un magnetismo que podríamos calificar de innato que las convierte en imprescindibles en cualquier acontecimiento o centro de reunión.

Disfrutan de la vida, de los placeres y de los espectáculos. Incluso ellas mismas tienen algo de artistas, ya que son sumamente teatrales.

Aunque, como se ha dicho, pueden llegar a ser muy selectivas con sus amistades, les encanta relacionarse, dado que en el fondo son muy sociables y no podrían prescindir de la gente.

Son personas bastante ambiciosas, pero la suya es una ambición clara y sana, a flor de piel. Si se trazan una meta, intentarán alcanzarla cueste lo que cueste, pero de forma directa, sin tapujos ni intenciones de pisotear o perjudicar a nadie.

En resumen: una Luna en Leo es una Luna orgullosa, fiel, teatral, sociable, selectiva en sus relaciones y, ante todo, muy noble.

Luna en Sagitario

Y, por último, el tercer signo de fuego en el que podemos encontrar situada a la Luna es Sagitario. Se trata de un signo positivo, mutable y regido por Júpiter.

A menos que exista una fuerte connotación capricorniana en el tema, las personas con la Luna en Sagitario son, ante todo, extremadamente optimistas. De naturaleza emprendedora y entusiasta, rebosan de lo que podríamos calificar como «alegría de vivir». Su imaginación es muy fértil y se complacen en elaborar una y otra vez grandes planes y proyectos. Sienten una atracción especial por todo lo desconocido, las aventuras, los viajes, los riesgos, etcétera.

No se adecuan fácilmente a una vida rutinaria, odian la monotonía y permanecer inactivas, ya que sienten una gran necesidad de movimiento continuo. Sólo encontrarán la felicidad disponiendo de una independencia total, ya sea disfrutando de una vida al aire libre en la que puedan estar en contacto con la naturaleza y rodeadas de animales, o bien viajando, sobre todo si los viajes son largos y al extranjero.

Es una Luna vital, optimista y muy comunicativa. Las personas con esta posición lunar en el tema emanan tanto entusiasmo que, aun sin pretenderlo, provocan la simpatía y el apoyo de los que las rodean. Son demasiado indulgentes, tanto con los demás como consigo mismas (pero, sobre todo, consigo mismas) y actúan a menudo de forma bastante irresponsable, puesto que son incapaces de reconocer sus propias culpas. Sin embargo, a pesar de todo ello, se las perdona fácilmente, ya que son muy populares entre la gente debido a su sentido del humor y a que son unos excelentes camaradas llenos de calor y entusiasmo.

Personas muy inquietas y de espíritu aventurero, están siempre buscando nuevos alicientes. Son algo «vagabundas», por lo que el «sentido hogareño» está en ellas muy poco desarrollado. Algo inestables e indisciplinadas, generalmente les cuesta vincularse en sus relaciones.

La mujer con esta posición lunar en el tema suele ser algo masculina y, con frecuencia, practica algún tipo de deporte.

En resumen: una Luna en Sagitario es una Luna cálida, optimista, entusiasta, aventurera, inquieta y algo irresponsable.

Luna en Tierra

La Tierra es un elemento negativo y, por tanto, de introversión y receptividad. Nos permite comprender el alcance del mundo material por el que estamos rodeados. Las personas con la Luna en un signo de Tierra no pueden evitar sentirse profundamente ligadas a todo lo que sea palpable, mensurable y concreto, y ello, a menudo, las obliga a estar un poco limitadas por todo lo material.

Con la Luna en este elemento, las personas se tornan en extremo conscientes de sus deberes y obligaciones. Poseen muchísimo autocontrol sobre sí mismas y acostumbran a proceder siempre de forma tranquila y recta, lo que las hace merecedoras de la confianza de quienes las rodean.

Muy metódicas, concretas y precisas, saben reaccionar con gran firmeza ante los acontecimientos.

A las personas con esta posición lunar en el tema les resulta sumamente fácil comprender cómo funciona el mundo de lo material y se aclimatan con rapidez a él. Tanto el trabajo como el esfuerzo realizado por uno mismo tiene para ellas un valor inusitado.

Quizá demuestren que son algo lentas y carentes de reflejos e iniciativa propia, ya que, antes de embarcarse en cualquier asunto, tienen que estar completamente seguras de los resultados. Sin embargo, estas personas son muy tenaces, y cuando emprenden cualquier actividad en la que confíen del todo, actuarán con firmeza y llegarán hasta las últimas consecuencias.

Luna en Tauro

Tauro es el primer signo de Tierra en el que podemos encontrar situada a la Luna. Es un signo negativo, fijo y regido por Venus. Aquí, la Luna se encuentra exaltada, ya que, quizá, sea éste el signo en el que mejor se refleje la calidad de lo femenino y en el que los valores simbolizados por la Luna se encuentren más potenciados; no debemos olvidar la influencia de Venus.

Las personas con la Luna en Tauro poseen una resistencia física y emotiva fuera de lo común y, quizá, debido a esta enorme fuerza de voluntad y a este afán de lucha, es difícil que lleguen a dejarse abatir por las contrariedades de la vida. Muy conservadoras y tradicionalistas, estas personas son bastante fieles a sus principios y a sus creencias.

En exceso prudentes y perseverantes, son, sin embargo, algo obstinadas y poco inclinadas a los cambios, ya que, por lo general, suelen ser muy poco adaptables.

Tienen un acusado sentido de lo material, y ello las transforma a menudo en un poco egoístas y posesivas. Sin embargo, son muy hogareñas y hospitalarias y, aunque parezca una contradicción, suelen mostrarse muy generosas y espléndidas con sus amistades, sobre todo si las reciben en sus casas. Se sienten profundamente atraídas por las manifestaciones artísticas, pero prefieren un tipo de arte menos refinado que el de Libra, un arte más concreto, más palpable y, sobre todo, mucho más vital.

Grandes amantes de la vida al aire libre, se sienten muy seducidas por la naturaleza y, en cierta forma, ligadas a ella.

Las personas con la Luna en Tauro poseen una fuerte sensualidad, pero se trata de una sensualidad encaminada a la búsqueda de placeres sanos y naturales.

Las mujeres con esta posición lunar en el tema suelen ser bastante afectuosas y con una acusada tendencia a proteger a los demás. Si tienen hijos, serán muy maternales con ellos, aunque, quizá, algo posesivas.

Los hombres con la Luna en este signo son amantes de la comida y conservadores, y otorgan una enorme importancia a la vida emocional y afectiva.

En resumen: una Luna en Tauro es una Luna afectuosa, paciente, perseverante, algo posesiva y, sobre todo, sumamente obstinada.

Luna en Virgo

La Luna en el signo negativo y mutable de Virgo se encuentra bajo la influencia de Mercurio.

Muy lógicas y precisas, las personas con esta posición lunar en el tema poseen un sentido crítico muy desarrollado. Son muy propensas a preocuparse demasiado por las pequeñas cosas y a imaginar problemas donde tal vez no los haya.

Muy realistas y analíticas, tienen un poder de raciocinio y de discernimiento fuera de lo común.

Su imaginación es práctica, positivista, no mira hacia el pasado (como sucedía en Cáncer) ni hacia el futuro (tal como ocurría en Acuario y, en cierto modo, en Sagitario), ya que se trata de una imaginación dedicada al presente y al servicio de los pequeños pormenores cotidianos.

Suelen ser unas personas con un gran sentido común y una mente muy práctica y organizadora. Muy serviciales, parecen estar mucho más capacitadas para obedecer que para dirigir.

Tímidas, inquietas y algo nerviosas, las personas con la Luna en Virgo suelen sentir una especie de inhibición emocional y afectiva que a menudo suplen con su preocupación por el detalle y su, a veces, servilismo extremo.

Dan mucha importancia a la comodidad, a la limpieza, al orden y a la higiene, e incluso ellas mismas son sumamente escrupulosas a este respecto.

Demasiado propensas a ocuparse de pormenores y futilidades, a menudo otorgan más valor a los pequeños detalles que a lo que es realmente importante.

Poseen un gran poder de asimilación, y cualquier tipo de trabajo en el que deban mostrar cierta lógica y un espíritu analítico parecerá hecho a su medida.

En resumen: una Luna en Virgo es una Luna analítica, servicial, crítica, modesta y sumamente detallista.

Luna en Capricornio

Capricornio es el último signo de Tierra en el que podemos encontrar a la Luna.

Se trata de un signo negativo, cardinal y regido por Saturno. No es una posición excesivamente afortunada para la Luna, ya que, aquí, se encuentra en exilio, como bloqueada por Saturno.

De espíritu práctico y realista, las personas con esta posición lunar en el tema son muy conscientes de sus deberes y de sus responsabilidades. Tienen mucha fuerza de voluntad y grandes dotes de mando y de organización. A pesar de su aparente indiferencia exterior, son personas bastante ambiciosas y, a menudo, se preocupan en exceso por su futuro material y económico.

Estas personas son muy trabajadoras y les gusta conseguir la independencia por sus propios medios, aunque, para ello, deban sacrificar su hogar o su intimidad a favor de sus intereses personales o laborales.

Al igual que el símbolo de su signo (la cabra), tienen un gran afán por llegar a la cumbre, y seguirán ascendiendo aunque ello les comporte a menudo hacerlo dentro de la más completa soledad, aunque les obligue a sacrificar su vida sentimental.

Son muy exigentes tanto con los demás como con ellos mismos, y ello los convierte en unos seres extremadamente perfeccionistas y algo rígidos.

En el plano emocional, no es que esta posición enfríe los sentimientos, aunque sí bloquea y dificulta su expresión y, por ello, a menudo, estas personas materializarán su cariño a través de acciones prácticas y mensurables.

Viven el amor con absoluto rigor y suelen mostrarse muy susceptibles con todas aquellas personas que consideren que no lo están viviendo a su mismo nivel. Los sentimientos son algo muy serio, demasiado como para jugar con ellos.

Para las mujeres con la Luna en Capricornio, la figura a veces imponente y severa de la madre tiene una enorme importancia. O bien se ocultarán tras ella o bien la rechazarán completamente.

En los hombres, la relación madre-hijo es asimismo importante, ya que a partir de esta relación, se determinarán las futuras relaciones entre éste y el resto de las mujeres en general.

En resumen: una Luna en Capricornio es una Luna responsable, cautelosa, determinada, perfeccionista y un tanto ambiciosa.

LA LUNA EN AIRE

El aire es un elemento positivo y adaptable. Su energía es vital, enfocada a la creatividad, las ideas y el saber. Con la Luna en un signo de aire, la personalidad se torna múltiple y polifacética, y existe una enorme necesidad de poder expresar las propias ideas de cara a los demás.

En este elemento y, al contrario de lo que ocurría cuando estaba situada en fuego, la Luna piensa y luego actúa. Antes de pasar a la acción, tiene que detenerse a evaluar de un modo objetivo el posible alcance de sus actos.

Las personas con la Luna en aire son muy flexibles y variables y se adaptarán con suma facilidad a las circunstancias, dejándose incluso, a menudo, arrastrar por ellas. En extremo inquietas y curiosas, suelen frecuentar multitud de ambientes, ya que necesitan variar una y otra vez.

Entre las personas con la Luna en este elemento, los cambios de personalidad son frecuentes, pues, por lo general, sus opiniones son bastante variables y algo superficiales.

A menudo, cuentan más con la gente por el mero hecho de sentirse acompañadas y poder así comunicarse que por una motivación más interior o profunda.

Son muy sociables, ya que apreciar de un modo objetivo y saber aceptar los distintos puntos de vista de los demás no les resulta nada difícil.

Las personas con la Luna en aire se sentirán continuamente motivadas por el estudio, las investigaciones y la elaboración de teorías, ya que el juicio y el raciocinio están en ellas muy desarrollados.

Luna en Géminis

Géminis es el primer signo de aire en el que podemos encontrar a la Luna. Éste es un signo positivo, mutable y mercurial. Aquí, la Luna recibe una gran influencia de Mercurio, por lo que las personas con esta posición en el tema son unas personas muy vivaces, inquietas y flexibles.

Su inteligencia es muy despierta y está siempre en continuo movimiento, pues tienen una gran avidez de conocimiento y un gran interés, pero sin llegar a centrar su atención en ningún punto en concreto, ya que se sienten atraídas irremediablemente por todo.

Aunque de concepciones flexibles e incluso demasiado cambiantes, hay que reconocer que poseen una capacidad fuera de lo común para asimilar ideas y transmitirlas a los demás. Se expresan fácilmente tanto por escrito como oralmente, por lo que se convierten en excelentes conversadores con los que siempre resulta agradable hablar, pues pueden charlar sobre cualquier cosa, ya que parecen estar enterados de todo.

Su memoria es excelente y suelen captar todo a la primera. Pueden centrar su atención en varios puntos a la vez y, lo que es más curioso, enterarse de todos ellos. Inquietos por naturaleza, les cuesta permanecer mucho tiempo en un sitio o estar haciendo la misma cosa. Necesitan cambios continuos, y ello les transforma en personas algo inestables que suelen dudar a la hora de tomar decisiones, ya que entonces se ven acosadas por la dispersión y la incertidumbre.

Querer asimilar un sinfín de conocimientos a la vez las obliga, por lo general, a no acabar nunca lo que empiezan, puesto que se entusiasman rápidamente por otras cosas y suelen dejar a medias lo que han iniciado. Como se ha dicho, gracias a su facilidad de expresión, pueden llegar a triunfar en todos los campos relacionados con la palabra (oradores, periodistas, escritores, etcétera), e incluso y, teniendo en cuenta que son unas personas muy vivaces, con un gran poder de convicción y una aguda visión comercial, podrían convertirse en unos excelentes intermediarios para los negocios en los que tuviesen que mantener un contacto más o menos directo con el público.

A nivel sentimental, las personas con la Luna en Géminis suelen ser algo cambiantes. Necesitan un tipo de relación bastante liberal y en la que predomine el aspecto cerebral sobre el sentimental, ya que poder compartir este afán de conocimientos implícito en ellas y sus ideas con la pareja elegida es fundamental, pues la necesidad de comunicación se convierte en algo primordial para las personas con esta posición lunar.

En resumen: una Luna en Géminis es vivaz, curiosa, inquieta, flexible, cambiante y un poco dispersa.

Luna en Libra

El segundo signo de aire en el que podemos encontrar a la Luna es en Libra. Se trata de un signo positivo cardinal y regido por Venus. Las personas con esta posición lunar en el tema están bastante influenciadas por las características venusinas. Poseen un carácter dulce, afectuoso y delicado. Buscan constantemente el equilibrio, intentando encontrar el punto medio, ya que son personas que dudan y vacilan ante cualquier situación y estudian siempre todos los pros y los contras.

Amantes de la paz y la concordia, son muy diplomáticos y con un gran afán de contentar a todo el mundo, convirtiéndose por ello en excelentes mediadoras. Si no llegaran a ser capaces de reconciliar a dos acérrimos enemigos, al menos lo intentarían con todas sus fuerzas.

Sienten una gran inclinación hacia todo lo bello, lo artístico y cultivado, ya que ellas mismas son personas muy poco vulgares. Son muy cuidadosas en su forma de vestir y a la hora de elegir las prendas, las combinaciones, los colores, etcétera, ya que la estética es para ellas algo fundamental. Por ello mismo, a veces pueden pecar de algo superficiales, puesto que otorgan una excesiva importancia al aspecto exterior.

Siempre deseosas de agradar a todo el mundo, son muy sociables, populares y muy poco amigas de la soledad.

Con esta posición lunar, existe una gran necesidad de compañía, de uniones o asociaciones. El carácter de estas personas, debido a sus continuas dudas, variaciones y vacilaciones es algo inestable.

Están dotadas de una gran sensibilidad, que se decanta sobre todo a la estética. Su imaginación se inclina siempre hacia las cosas bellas, y su creatividad es más bien artística (aunque en algunos casos puede ser también intelectual).

Son personas rectas y con un gran sentido de la justicia, por lo que si no se inclinan hacia ninguna carrera o actividad artística, la abogacía podría llenarles satisfactoriamente. De todas formas, aunque no estudien ni ejerzan esta carrera, en su fuero interno siempre llevarán a un «pequeño abogado».

Amantes de las relaciones y de la vida social en general, disfrutan muchísimo con todos los placeres venusinos de la vida, siempre que estos tengan lugar en ambientes selectos y armoniosos, particularmente entre gente con inquietudes artísticas o intelectuales, ya que odian y rechazan todo lo grosero y vulgar.

Se dejan influenciar con facilidad por la opinión pública, pudiendo llegar a convertirse, en algunos casos, en auténticos esnobs.

En resumen: una Luna en Libra es una Luna sociable, equitativa, elegante, delicada, selecta y bastante artística.

Luna en Acuario

En el último signo de aire en el que se encuentra la Luna es en Acuario. Éste es un signo positivo, fijo y regido por Urano.

La Luna en Acuario es una Luna uranizada, y las personas con esta posición en el tema son ante todo tremendamente originales e imprevisibles.

Otorgan una importancia primordial a la amistad, ya que, para ellas, un amigo es siempre lo primero.

Poseen una imaginación muy desarrollada, que es capaz de albergar toda clase de proyectos y de fantasías que, por cierto, suelen limitar a menudo con la utopía.

Son personas muy dinámicas y activas, aunque esta actividad suele ser casi siempre algo nerviosa e inquieta.

Se sienten muy atraídas por las problemáticas sociales, tanto en este campo como en muchos otros, y son muy innovadoras y reformistas. Aborrecen la rutina, los convencionalismos y los tradicionalismos, ya que son muy anticonformistas y totalmente carentes de prejuicios; por ello mismo son capaces de adaptarse e integrarse a las situaciones más diversas e inverosímiles sin ningún tipo de problemas.

Poseen una intuición rápida y certera que les llega sin saber cómo y en los momentos más insospechados. De naturaleza franca y amistosa, están siempre dispuestas a ayudar al prójimo, ya que son en extremado altruistas.

De todas formas, aunque las personas con esta posición lunar sean muy sociables, en el fondo aman y defienden su libertad y su propia independencia por encima de todo. Innovadoras y reformistas natas, cualquiera que sea el campo en el que elijan trabajar siempre lo harán de forma original y con una absoluta independencia.

Como se ha dicho, con la Luna en Acuario se otorga casi más importancia a la amistad que al amor, por lo que resulta prácticamente imposible que una persona con dicha posición lunar carezca de amigos, ya que, además, estas personas respetan en gran medida la forma de pensar y la independencia de los demás.

En resumen: una Luna en Acuario es una Luna independiente, brusca, progresista, innovadora, anticonformista y, ante todo, muy amistosa.

LA LUNA EN AGUA

El agua es un elemento de naturaleza negativa y fácilmente impresionable. Nos permite acceder al maravilloso mundo del inconsciente, al reino de las emociones y de las sensaciones.

Las personas con una Luna situada en un signo de agua poseen una enorme sensibilidad y parecen estar continuamente necesitadas de protección y de apoyo. Carecen de solidez y son fácilmente influenciables, sobre todo a nivel afectivo o emocional.

Cuando la Luna está en agua, el sujeto suele disponer de un mundo interior sumamente rico y complejo. Estas personas, cuando están motivadas o bajo el influjo de cierta inspiración, son capaces de realizar grandes proezas, de lograr cosas que en un estado normal no conseguirían.

Para ellas, el mundo del inconsciente, de las sensaciones y emociones es sumamente importante, y cuando, como a menudo les ocurre, no logran controlar sus reacciones al respecto, pueden llegar a caer en una inestabilidad de origen emocional.

Extremadamente vulnerables y caprichosas, estas personas suelen vivir inmersas en un mundo de sueños, imaginación y fantasías. Toda esta sensibilidad que se desprende al estar la Luna situada en este elemento es a menudo considerada como signo de debilidad. Ello resulta erróneo, ya que el agua, en el fondo, y cuando está bien encauzada, posee una gran fuerza y un extraordinario poder de regeneración.

Luna en Cáncer

El primer signo de agua en el que podemos encontrar a la Luna es en Cáncer. Allí está muy bien situada, ya que es la regente de este signo, que es un signo cardinal y negativo.

Las personas con la Luna en Cáncer son sumamente cariñosas y necesitan recibir muestras de afecto una y otra vez.

Otorgan gran importancia al ambiente que las rodea, ya que son muy sensibles e impresionables, y reaccionan con intensidad frente a las condiciones externas y ambientales. Siempre buscan el apoyo, la simpatía y el afecto de los demás, ya que para ellas es primordial sentirse comprendidas y apreciadas.

Poseen lo que vulgarmente se denomina «una memoria de elefante» y una gran imaginación, mucho más inclinada hacia el ensueño y la contemplación que hacia otros fines más prácticos.

Se nutren más de las experiencias del pasado que de las del propio presente. Su extraordinaria sensibilidad suele transformarse a menudo en hipersensibilidad; a causa de ello, son en extremo susceptibles y aprensivas, por lo, que, cuando tratemos con alguien que tenga la Luna en este signo, hay que ir con sumo cuidado para no herir su sensibilidad.

Las personas con esta posición lunar en el tema se hallan mucho más influenciadas por el flujo y reflujo de la Luna que cualquier otra. De ello derivan sus bruscos cambios de humor, los altibajos de su estado de ánimo, sus euforias y depresiones, etcétera.

Tener la Luna en Cáncer conlleva una contradicción bastante fuerte, ya que, por una parte, estas personas se sienten muy atraídas por la vida pública, las masas, la vida social, los viajes, etcétera, y, por otra, se sienten retenidas por el hogar, sus cosas y sus pequeñas comodidades.

Es como si tuviesen una simpatía especial para tratar con el público y, al mismo tiempo, estuvieran hechas para formar un hogar y vivir en familia. Debido a su intensa sensibilidad, son personas sumamente receptivas y, en el fondo, muy sociables, siempre y cuando el ambiente se les presente propicio y familiar, ya que, de lo contrario, tienden a encerrarse en sí mismas y son capaces de no despegar los labios durante horas enteras. Se hacen apreciar y querer, puesto que viven y comparten gustosamente el dolor y los problemas de los demás y se preocupan por el bienestar de los que las rodean. Su preocupación es una preocupación sincera, no un mero formulismo. Es habitual que tengan muchas premoniciones, puesto que, como se ha dicho antes, son extremadamente sensibles al ambiente.

Se sienten muy atraídas por el pasado y es fácil escuchar de sus labios la famosa frase que inmortalizara Jorge Manrique en las *Coplas por la muerte de su padre*: «[...] Cualquiera tiempo pasado fue mejor». De esta atracción hacia el pasado deriva su afición por la historia, el folclore, la arqueología, etcétera, ya que todo lo que posea un lazo de unión con tiempos anteriores les fascina. Debido a ello, precisamente, son unas personas muy nostálgicas.

La Luna en este signo otorga un poco de pereza e indolencia y hace que la persona esté falta de voluntad y decisión.

En un tema femenino, la Luna en Cáncer (a menos que exista alguna fuerte contradicción) suele otorgar una gran fecundidad, un acusado deseo de formar un hogar y, sobre todo, un gran amor por los niños.

En resumen: una Luna en Cáncer es una Luna hipersensible, mediúmnica, impresionable, inquieta y muy atraída por el pasado.

Luna en Escorpio

La Luna en Escorpio, que es un signo negativo, fijo y regido por Marte (domicilio diurno) y Plutón (domicilio nocturno), es una Luna tenebrosa, magnética y apasionada, la más sensual del zodíaco.

Las personas con esta posición lunar tienen una forma de ser bastante difícil y complicada. Dado que una de sus principales características es la integridad, no pueden soportar las cosas a medias: lo quieren todo o nada. Se guían más por su instinto que por la razón y, éste, por cierto, no suele fallarles, ya que son personas intuitivas, hasta el punto de poder adivinar las intenciones de los demás sin ninguna dificultad; por ello, no se las puede engañar con facilidad.

Poseen un olfato especial para detectar hechos, situaciones, misterios, etcétera. Es como si estuvieran dotados de un sexto sentido. Sin embargo, a pesar de que su instinto esté muy por encima de la razón, gozan de una lucidez mental nada desdeñable.

Al ser Escorpio un signo fijo, las personas con esta posición lunar tienen una voluntad de hierro, y cuando persiguen un objetivo, para alcanzarlo derribarán a todo aquel que se les ponga por delante.

Su sensibilidad es inquieta, algo mórbida y atormentada; sus sentimientos son sumamente apasionados, por lo que a menudo se tornan un poco absorbentes, celosas y exclusivas, y empiezan a sospechar de todos y de todo, lo que puede llegar a ser un poco molesto para la gente que las rodea.

Son unas personas con una curiosidad innata, que quieren conocerlo todo y llegar siempre hasta el fondo. Digna de resaltar es también su afición por todo lo misterioso, lo secreto, lo escondido y desconocido, ya que, además, se sienten muy atraídas por las ciencias ocultas.

Escorpio es un signo fuerte y entero, pero no por ello deja de ser un signo de agua. Por esta causa, los sentimientos jugarán un papel primordial durante toda la vida de la persona que tenga esta posición lunar. Aunque no se perciba a simple vista, la sensibilidad es muy intensa. Sin embargo, es una sensibilidad mucho más violenta y oculta que la de los otros dos signos de agua. Es mucho menos sensiblera y no se encuentra a «flor de piel» como en Cáncer o en Piscis, pero no por ello es menor, ya que, por el contrario, es mucho más firme y profunda.

Las personas con Luna en Escorpio son un poco egoístas, pero se trata de un egoísmo afectivo, ya que son muy extremistas con aquellos a los que quieren. Están destinadas a vivir situaciones en las que los celos, la venganza, los rencores y las pasiones se hallan muy entremezclados.

Tienen una gran tendencia a exaltarse y un agudo sentido de combatividad, y siempre están dispuestas a empezar de nuevo, aunque sea desde cero, ya que poseen un espíritu de regeneración poco común.

Las mujeres con esta posición lunar en el tema, más que ninguna otra, tendrán que luchar una y otra vez contra la envidia y las calumnias de otras mujeres. En este signo (a menos que existan aspectos contradictorios) la Luna otorga una gran fertilidad y fecundidad.

En resumen: una Luna en Escorpio es una Luna íntegra, misteriosa, violenta, intrépida y de sentimientos muy profundos.

Luna en Piscis

El otro signo de agua en el que puede estar la Luna es en Piscis. Éste es un signo negativo, mutable y regido por Neptuno.

Las personas con esta posición lunar son impresionables en extremo y fácilmente influenciables.

Si otras posiciones planetarias no la alteran, la Luna en este signo es un claro indicio de indolencia y falta de energía.

En estas personas, la imaginación, la fantasía y las dotes artísticas están muy acusadas pero, a menos que logren sobreponerse a su pasividad innata, es casi imposible que puedan llegar a desarrollarlas.

Si el éxito les llega fácilmente, lo aceptan sin titubear, pero es difícil que se cansen o luchen para poder conseguirlo, ya que su voluntad es débil, poco tenaz y siguen a rajatabla la ley del mínimo esfuerzo.

Aunque resulte algo inverosímil, es frecuente que la mayoría de sus inspiraciones les lleguen durmiendo. Se dejan impresionar en gran medida por los acontecimientos, pero, sin embargo, suelen mantenerse por completo pasivas ante ellos, reaccionando pocas veces o a destiempo.

Su sensibilidad puede transformarse en sensiblería y su excesiva credulidad las convierte en víctimas propicias de las maniobras y de los abusos de los demás. Aman la paz, la tranquilidad y son muy propensas a buscar refugio en un mundo de ensueños y fantasías.

Intentan transformar la realidad y lo cotidiano en algo más sutil y mágico, pero al ser frecuente que estas fantasías choquen con la dura realidad, se sienten constantemente heridas y perplejas. La Luna en este signo da el prototipo de persona que no toca con los pies en el suelo.

Son muy hospitalarias, ya que desean que todo el mundo se sienta bien. Son también grandes amantes de la buena mesa y, sobre todo, ¡del buen vino! (por lo general, las personas con la Luna en Piscis suelen beber como «esponjitas»).

Se sienten muy atraídas por las ciencias ocultas y, en particular, por el espiritismo, ya que tienen dotes de mediumnidad y facultades parasensoriales. De todas formas, debido a su influenciabilidad y a su extrema sensibilidad, si no van con muchísimo cuidado, se dejarán absorber demasiado por estas prácticas y podrían llegar a exponerse a peligros de orden psíquico o emocional, ya que, además, son muy supersticiosas y aprensivas. Tienen una marcada tendencia a dejarse llevar por todo o por todos, y cuando ello trasciende a las drogas y/o alcohol, puede resultarles realmente nefasto. Son seres dispersos y confusos, capaces de elaborar grandes proyectos, pero negados para llevar a cabo cualquier tipo de realización.

Con esta posición lunar, se tiene una inevitable tendencia a desmoralizarse, a compadecerse de los demás y, sobre todo, a la autocompasión.

En resumen: una Luna en Piscis es una Luna influenciable, soñadora, pasiva, crédula, confusa y extraordinariamente emotiva.

LA LUNA EN LAS CASAS

Resultaría un poco largo de explicar las distintas características de la Luna dentro de las 12 casas y en cada uno de los 12 signos del zodíaco, ya que esto conllevaría un total de 144 combinaciones. Por ese motivo, tan sólo me limitaré a describir su posición dentro de los 12 sectores.

Lógicamente, una Luna en la casa V situada en el signo de Leo será distinta de una Luna ubicada en Capricornio o en Piscis, aunque se encuentre también en la misma casa. Sin embargo, conservará las mismas características y su energía estará encaminada al mismo radio de acción (en este caso concreto, al sector de las relaciones y uniones sentimentales, los placeres, las aptitudes y realizaciones artísticas, etcétera). Lo que variará será la forma de llevarlo a cabo, el modo en que se desarrollará esta actividad.

Hay que tener en cuenta que ni el signo, ni el planeta ni la casa son entes abstractos, sino que, en cada caso, forman una combinación más o menos armónica y actúan siempre al unísono. Hay que situarlos siempre dentro de su propio contexto, es decir, que no debemos analizar por separado ni al planeta, en este caso la Luna, ni al signo o la casa. Para que al lector le resulte más fácil comprender esta aclaración, tras exponerse las características de la Luna en las casas, se incluye una breve explicación del significado de una Luna situada en la Casa V y en los signos de Leo, Libra, Capricornio y Piscis.

Luna en la Casa I

La Luna rige todo lo cotidiano, el psiquismo, el ensueño y la parte más sensible y oculta de nosotros mismos. Además de poseer una estrecha relación con la masa, el público, el entorno y el ambiente, es también el planeta del cambio, la inestabilidad y el capricho, por lo que, al estar situada en la Casa I, que corresponde al ascendente y es la casa de la personalidad, el carácter y temperamento, así como la que determina la apariencia física y tendencias hereditarias del sujeto, nos encontramos, sin duda (sobre todo si la Luna está en conjunción o cerca del ascendente), ante un tipo de personas que vacilan y titubean ante los acontecimientos y que son poseedoras de una naturaleza terriblemente impresionable y emotiva. El grado de adaptabilidad de estas personas está muy desarrollado, por lo que se integrarán con facilidad en el ambiente, que les resultará de suma importancia.

Son muy sociables y necesitan sentirse rodeadas de gente que les demuestre una y otra vez su afecto.

Su imaginación es muy fértil y propensa a los sueños y a las fantasías. Tienen un carácter muy variable, con muchos cambios de humor y de estados de ánimo. Les falta fuerza de voluntad, lo que las transforma en personas sumamente indolentes y caprichosas.

La Luna en la Casa I suele dar lugar a unas personalidades un poco infantiles, debido, en gran parte, a la nota de capricho e inseguridad que conlleva esta posición y, en parte, porque la infancia es una etapa de suma importancia y cuya influencia se dejará sentir constantemente durante toda la vida del sujeto.

La Casa 1 rige también el físico y la apariencia externa, por lo que las personas que tienen allí situada la Luna suelen tener un físico lunar (cara redonda, ojos profundos, pelo abundante, cutis por lo general pálido, etcétera), y están bastante predispuestas a la obesidad.

Luna en la Casa II

Situada en la Casa II (o sector que rige las pérdidas y ganancias del sujeto, así como el dinero conseguido gracias al trabajo y por uno mismo), la Luna se encuentra en una posición algo fluctuante, lo que hará que la fortuna del sujeto con esta posición lunar sea bastante inestable y esté siempre merced de los «altibajos del destino».

Como sabemos, la Luna simboliza a la masa y a las multitudes, por lo que, con este planeta en II, es más que probable que las ganancias de la persona provengan de algún trabajo relacionado con el público.

La Luna es móvil y caprichosa, motivo por el cual, al estar situada en este sector, existe una clara tendencia a la escasa organización y al despilfarro. Es difícil (aunque puedan existir excepciones) encontrar a alguien ahorrador con la Luna en la Casa II. Generalmente son personas muy influenciables y adaptables a las circunstancias. Les encanta gastarse grandes sumas de dinero en pequeñas cosas, caprichos inútiles pero muy bellos, lujosos o portadores de algún recuerdo.

La Luna simboliza también a la mujer, por lo que, en Casa II, hará que las mujeres influyan de forma considerable y tomen parte activa con respecto a las ganancias del sujeto. Por lo general, con esta posición, la fortuna no suele ser muy boyante pero tampoco inclina a la miseria. La persona tenderá a experimentar bastantes cambios económicos a lo largo de su vida.

Luna en la Casa III

Cuando la Luna se encuentra en la tercera Casa (que es la que rige los estudios concretos, los escritos, los pequeños viajes, los hermanos, etcétera), proporciona una mentalidad flexible, cambiante y abierta a todo tipo de conocimientos.

Curiosas por naturaleza, estas personas poseen unos grandes deseos de aprender, de saber un poco de todo y, por ello, se sienten mucho más inclinadas a realizar cursillos de escasa duración que a emprender largos estudios.

Suelen tener bastante memoria y facilidad para los estudios, a menos, claro está, que la Luna reciba malos aspectos (sobre todo por parte de Mercurio), ya que entonces la dispersión, los despistes y el caos pueden llegar a dominar a la persona. Tienen una gran facilidad para comunicarse con los demás, tanto a nivel oral como escrito.

Las personas con la Luna en la Casa III suelen estar bastante influenciadas por la madre o una hermana (ya que debemos tener en cuenta que la Casa III es la casa de los hermanos y la Luna simboliza a la mujer).

Con esta posición lunar es muy posible que se cambie con frecuencia de residencia, de medio o de ambiente.

La persona con la Luna en el tercer sector del zodíaco siente una especial predilección por los viajes, aunque estos, por lo general, tendrán una breve duración.

Luna en la Casa IV

La Luna en la Casa IV, denominada también Fondo del Cielo y que representa el hogar, la familia, el principio y fin de vida, etcétera, nos presenta a una persona con un espíritu de familia muy desarrollado.

Con esta posición lunar, el sujeto se siente muy atado a los suyos y difícilmente puede permanecer alejado de la familia (en particular de la madre), ya que siente una enorme dependencia y está muy influenciado por quienes le rodean.

Son personas a las que no les gusta nada la soledad y buscan una y otra vez la compañía y protección de los demás, sobre todo en el seno de su propia familia, aunque, de no encontrarla allí, sin duda, la buscarán fuera.

Las personas con la Luna en la Casa IV suelen vivir dentro de un ambiente familiar bastante tierno y acogedor, pero, a veces, algo opresivo. Viven un poco dominadas por los recuerdos y se asustan con facilidad por el futuro.

Sabemos que la naturaleza de la Luna es móvil y cambiante, por lo que, al estar situada en esta casa, no es de extrañar que las posibilidades de numerosos traslados y cambios aumenten de un modo considerable a lo largo de la vida del sujeto.

Luna en la Casa V

Este planeta, situado en la quinta Casa (o sector que rige tanto los placeres como las relaciones y uniones sentimentales), nos sitúa frente a una persona muy poco amiga de la soledad y, sobre todo, encaminada al goce de la vida y de los placeres. En esta casa, la Luna otorga una facilidad especial para crearse simpatías, ya que la persona tiene dónde «caer bien» y sabe cómo hacerse apreciar por quienes la rodean. Es como si estuviese impregnada de lo que calificaríamos de «magnetismo lunar»; de todas formas, y teniendo en cuenta que la Luna es sumamente móvil, resultará frecuente comprobar que todas estas simpatías y relaciones suelen ser efímeras, ya que la persona necesita rodearse una y otra vez de caras nuevas. Todo ello puede ser aplicado de igual forma a todo lo que respecta a su vida sentimental, ya que, con esta posición lunar, la inconstancia y el poco deseo de convertir una relación en algo estable obligan a menudo al sujeto a prodigar su afecto a varias personas a la vez, pero intentando siempre que éste no vaya demasiado lejos y no llegue a convertirse en algo serio.

La Luna, al ser sobre todo femenina, es muy posible que, la persona, a lo largo de su vida, se encuentre beneficiada por constantes apoyos femeninos.

Este planeta representa también al público, a la masa, por lo que, con esta posición, nos encontraremos ante personas cuyo trabajo se desarrolla principalmente en lugares en los que están en contacto con la gente.

Luna en la Casa VI

La Luna situada en la Casa VI (que es la casa de la salud, de las pequeñas enfermedades y del trabajo subalterno, es decir, el que se realiza por obligación) nos presenta a una persona con una salud algo precaria y bastante inestable, ya que se resentirá fácilmente a causa de las pequeñas enfermedades. De todas formas, éstas serán pasajeras y no llegarán a revestir gravedad. Sus puntos más sensibles son el estómago y los nervios.

Se trata de unas personas que se sienten profundamente interesadas por todo lo relacionado con la alimentación, la higiene y la dietética, e incluso ellas mismas son muy minuciosas al respecto.

En el ámbito laboral, suelen contentarse ocupando cargos subalternos y cambian con frecuencia de empleo, que, por lo general, está relacionado de algún modo con el contacto con el público. Estas personas se preocupan en exceso por los pormenores y las nimiedades de cada día, ya que, para ellas, todo lo cotidiano adquiere una importancia fuera de lo común.

Acostumbran a tener a menudo algún animal doméstico en su casa, pues sienten una especial predilección por ellos.

La Luna, que rige la infancia, al estar situada en la Casa VI, suele ser un claro indicio de una salud frágil durante los primeros años de vida.

Luna en la Casa VII

Cuando este planeta está situado en la Casa VII o Descendente (que es el sector que rige las asociaciones y uniones, la pareja, los demás, etcétera), señala una clara tendencia a frecuentar mucha gente, pues corresponde a personas muy populares. Les resulta muy difícil concebir la vida como algo solitario, ya que suelen buscar el apoyo y el afecto de los demás, aunque en lugar de buscarlo en el seno de su propia familia (como en el caso de la Luna en la Casa IV), lo harán fuera, a través de asociaciones o de las uniones y del matrimonio.

La Luna, que es el planeta que rige todo lo que es cambiante, fluctuante, hace que las relaciones sociales de estas personas se desarrollen dentro de un clima de inestabilidad e incertidumbre, puesto que tienen una tendencia muy marcada a perder y a recuperar una y otra vez su popularidad ante los demás.

Con frecuencia tienden a escoger como pareja a alguien fuertemente marcado por la influencia lunar, es decir, alguien con un carácter inestable y algo lunático. Este tipo de relaciones, por lo general, están basadas en una necesidad de afecto mutuo.

Con la Luna en la Casa VII, existe la posibilidad de sufrir bastantes decepciones afectivas a lo largo de la vida.

Luna en la Casa VIII

La Luna en la Casa VIII (que es la casa relacionada con el mundo de los sueños, el inconsciente, las transformaciones y las regeneraciones, la muerte, etcétera) influye de forma considerable en el subconsciente y, sobre todo, con respecto a los sueños, ya que se suelen tener sueños premonitorios.

Las personas con dicha posición lunar poseen una extraordinaria capacidad de regeneración; también es frecuente que todo lo concerniente a la muerte y al misterio que la rodea les preocupe, hasta el punto de que algunas veces les fascina de forma obsesiva, y otras de un modo más sereno y relajado.

De cualquier modo, los que tienen esta posición lunar suelen estar muy interesados en el estudio del tema. Este sector se relaciona también con todo lo concerniente a los legados y herencias, por lo que no es de extrañar que una persona con una Casa VIII muy llena tenga bastantes posibilidades de recibir algún tipo de herencia y, en este caso concreto, con la Luna, la herencia le llegará al sujeto a través, o bien de la madre, o bien por mediación de alguna persona del sexo femenino.

La Luna que suele estar situada en este sector del tema ofrece la oportunidad de ir experimentando bastantes transformaciones a lo largo de la vida.

Luna en la Casa IX

La Luna situada en la Casa IX (que es la que rige la mente abstracta, el ideal, los largos viajes al extranjero, los contactos con lo lejano, etcétera) nos indica que la persona con esta posición lunar en el tema tiene una predilección especial por la vida en común, al aire libre, y es, sin duda, poseedora de un alto ideal de sociabilidad.

Con seguridad, tendrá una acusada necesidad de tener experiencias variadas y, debido a esta multitud de vivencias, sus opiniones e ideales se transformarán y evolucionarán sin cesar.

Sus concepciones están fuertemente impregnadas por las influencias ambientales, por lo que, a veces, sus convicciones pueden llegar a carecer de personalidad.

A menudo, la vocación viene determinada por la familia y, en particular, por la madre.

Resulta sorprendente constatar cómo muchos de los hombres con esta posición lunar suelen contraer matrimonio con una extranjera.

La persona que tiene la Luna situada en la Casa IX siente una atracción innata por los viajes, y existen muchas posibilidades de que pueda realizar largos viajes al extranjero. La mayoría los realizará por mar (sobre todo si la Luna se encuentra en un signo de agua).

Las personas con esta posición lunar poseen grandes aptitudes pedagógicas y podrían llegar a ser unos excelentes maestros si se lo propusieran.

Luna en la Casa X

Cuando la Luna está situada en el Medio cielo o la Casa X (sector de la profesión escogida libremente, el éxito social, la madre, etcétera), la persona con dicha posición en el tema precisa, aunque de forma inconsciente, ocupar una postura central frente al mundo que la rodea, y ello podría llegar a transformarla en algo absorbente.

Muy poco amiga de la monotonía, necesita recrearse continuamente con nuevas situaciones. Al ser la Luna un planeta tan inestable y variable, situada en este sector, hace que la persona pueda conseguir el éxito en el ámbito profesional siempre y cuando no se sienta atada y pueda desempeñar un trabajo liberal y en contacto con la masa. Sin embargo, cuando la Luna se halla mal aspectada, existe el riesgo de inseguridad e inestabilidad; por una parte, ello podría deberse a que las aspiraciones del sujeto son superiores a las de sus propias posibilidades o bien simplemente por el acusado deseo de cambiar continuamente de profesión.

Con esta posición lunar, la madre suele ser algo dominante, e influye en gran medida en la vida del sujeto y, sobre todo, a la hora de elegir una profesión.

Luna en la Casa XI

Este satélite en la Casa XI (casa de la amistad, las simpatías y protecciones, los planes y proyectos, etcétera) otorga a la persona un alto grado de sociabilidad y popularidad.

Extremadamente optimista, tenderá a estar siempre elaborando planes y proyectos que, por lo general y debido a su falta de perseverancia, no llegará a llevar a cabo. De todas formas y aunque estos proyectos sean tan cambiantes y carentes de solidez, contarán con la ayuda y el apoyo incondicional de sus amistades.

Con esta posición lunar, se suele frecuentar multitud de ambientes y se cuenta con amigos de todas clases. Las amistades suelen ser algo superficiales y efímeras, y se tiene una gran tendencia a cambiar de ellas con facilidad.

El sujeto contará con la protección de los amigos, sobre todo por parte de sus amistades femeninas.

Con una Luna en la Casa XI, las multitudes, el gentío y las relaciones sociales se prefieren frente a la calma y a la soledad.

Luna en la Casa XII

Y, finalmente, cuando la Luna está situada en la Casa XII (o casa de las pruebas, las dificultades, los sacrificios y limitaciones, etcétera), nos presenta a una persona de una sensibilidad muy acusada, bastante solitaria y con una enorme necesidad de disfrutar de una vida llena de calma y de seguridad.

Con esta posición lunar, el carácter es poco enérgico y agresivo, y es bastante más probable que esta persona llegue a adoptar una postura de defensa ante los acontecimientos antes que de ataque. Se somete fácilmente a las circunstancias y acepta su suerte sin luchar, ya que es mucho más contemplativa que activa y parece esperar a que sean el tiempo y el destino quienes, algún día, resuelvan sus propios problemas.

Al representar la Luna a la familia y estar situada en este sector tan conflictivo, es casi seguro que la persona tendrá grandes dificultades en el ámbito familiar. Con esta posición en el tema, la receptividad está muy desarrollada y existe una extraña atracción por todo lo oculto. Este sector también está, en cierto modo, relacionado con la salud, pero en lugar de corresponder a las pequeñas enfermedades (Casa VI) corresponde a las enfermedades de larga duración y un tanto extrañas, que podríamos calificar como enfermedades psicosomáticas.

LOS ASPECTOS DE LA LUNA

A la hora de analizar los aspectos, deberemos de tener muy en cuenta tanto los signos como los sectores en los que estén situados los planetas en juego.

Un aspecto «benéfico» será menos positivo si los planetas que relaciona se encuentran mal situados, mientras que un aspecto «maléfico» perderá su virulencia si los planetas que enlaza se encuentran bien situados o bien aspectados por otros planetas.

Al ser un planeta muy rápido, la Luna desempeña muchas veces un papel de «detonador» de otros aspectos.

LOS ASPECTOS ASTROLÓGICOS DE LA LUNA

Los aspectos de la Luna se pueden dividir en tres grandes bloques: aspectos armónicos (trígono y sextil son los más importantes), inarmónicos (en particular, la oposición y la cuadratura) y conjunción, un aspecto ambivalente.

Conjunción

El orbe de influencia de este aspecto es de ocho grados. Por lo general, suele darse dentro de un mismo signo y es un aspecto muy fuerte al que debemos otorgar la importancia que merece. La conjunción es muy poderosa, ya que su influencia es directa, condensada y básica. Puede ser armónica o inarmónica, y tendremos que deducirlo teniendo en cuenta la naturaleza de los planetas entre los que tenga lugar.

Si se da una conjunción entre dos planetas afines, se tratará indudablemente de una conjunción armónica, y será inarmónica cuando se dé entre dos planetas no afines.

Por lógica, debemos deducir si se trata de planetas afines o no afines entre sí. Por ejemplo, sabemos que tanto la naturaleza de la Luna como la de Venus o Júpiter son similares, por lo que la conjunción entre estos cuerpos siempre será armónica. Por el contrario, una conjunción entre la Luna y Marte o Saturno, debido al antagonismo existente entre estos planetas y la Luna, será siempre inarmónica.

Trígono

Es un aspecto armónico, y se da entre dos planetas situados a una distancia de ciento veinte grados entre sí.

Su orbe de influencia es de hasta diez grados. Es un aspecto idealista, entusiasta y un poco pasivo en el que los acontecimientos parecen desarrollarse de una forma favorable sin que el sujeto tenga que luchar o preocuparse en exceso.

Por lo general, el trígono suele darse entre dos planetas situados en dos signos pertenecientes a un mismo elemento. Por ello, y dada esta afinidad, no es de extrañar que la relación que se establece sea tan armónica.

Oposición

Es un aspecto inarmónico, y tiene lugar entre dos planetas opuestos, es decir, situados a una distancia de ciento ochenta grados entre sí. Tiene el mismo orbe de influencia que el trígono. También es un aspecto bastante pasivo, ya que condiciona a las personas a dejarse arrastrar por los acontecimientos sin intentar cambiarlos ni luchar contra ellos.

En la oposición vemos reflejadas dos tendencias contrarias que no actuarán nunca al unísono, ya que unas veces dominará una y otras veces la otra, pero nunca las dos juntas.

Normalmente y, tal como indica su nombre, este aspecto suele darse entre dos signos opuestos, lo que ya, de por sí, denotará un grave conflicto.

Sextil

Es un aspecto armónico que se da entre dos planetas situados a una distancia de sesenta grados.

Por lo general, suele darse entre dos signos de elementos afines (fuego-aire; tierra-agua) y su orbe de influencia es de seis grados.

Es un aspecto mucho más activo que el trígono, e influye sobre todo en el aspecto mental.

Cuadratura

Es un aspecto inarmónico entre dos planetas que se encuentran separados por noventa grados. La mayoría de las veces tiene lugar cuando estos planetas están situados en dos signos cuyos elementos carecen de afinidad (fuego-agua; agua-aire; aire-tierra y tierra-fuego).

Su orbe de influencia es el mismo que el del sextil. Es mucho más activa que la oposición, ya que aquí las dos fuerzas actúan al unísono conviviendo entre sí y causando un constante «tira y afloja» en la personalidad. Es un aspecto de tensión y de lucha; el sujeto no puede evitar el reaccionar de forma brusca y agresiva frente a los acontecimientos.

ASPECTOS DE LA LUNA CON EL SOL

Todos los aspectos Luna-Sol son muy importantes, ya que relacionan los dos luminares del tema. Estos dos planetas rigen los principios básicos y opuestos de la personalidad (femenino y masculino, pasivo y activo, subconsciente y consciente, el sueño y la acción, etcétera). Por ello, poseer aspectos entre estos dos cuerpos (mejor si son armónicos) resultará de suma importancia a la hora de analizar la personalidad.

Luna conjunta al Sol

Es un aspecto muy importante, ya que, por lo general, significa no sólo que los dos cuerpos más importantes del horóscopo se encuentran situados en un mismo signo, sino que además y por lógica, éstos recibirán idénticos aspectos por parte de los demás planetas.

Con independencia de dónde esté situada esta conjunción, ya de por sí denotará, sin lugar a dudas, una fuerte influencia del elemento y signo en el que se encuentre.

Si, por ejemplo, la conjunción se diera en un signo de fuego, denotaría un exceso de actividad e impulsividad. En tierra, aumentaría la lentitud y la mesura. Situada en aire, las facultades de raciocinio y la adaptabilidad serían básicas y, finalmente, si esta combinación tuviese lugar en un signo de agua, los sentimientos y las emociones serían muy fuertes e intensos.

La conjunción Luna-Sol suele dar personalidades muy fuertes pero algo limitadas, ya que el radio de acción suele quedar bastante reducido (a menos que los demás planetas que componen el tema estén situados de forma dispersa).

Más que conseguir una unión entre los dos cuerpos, esta conjunción parece crear un constante deseo de superación entre ellos, ya que, tanto la naturaleza de la Luna como la del Sol, tienden a dominarse mutuamente exaltando el ego de forma exagerada.

De ello deriva que las personas con dicho aspecto astrológico a menudo tiendan a sobrevalorar sus sentimientos, su forma de pensar y actuar, su propia capacidad, etcétera, y puedan llegar a considerarse superiores a los demás mortales.

Luna en trígono con el Sol

Es un excelente aspecto, pues, tal como se ha dicho, se da entre los dos cuerpos más importantes del zodíaco. Favorece las funciones naturales del organismo, haciendo que éstas funcionen con perfecta normalidad. Actúa de forma beneficiosa reforzando la salud que ya, de por sí, suele ser bastante buena.

Favorece cualquier manifestación afectiva y, por lo general, suele otorgar cierta popularidad y atraer las simpatías de los demás, en particular las del sexo opuesto. Crea una perfecta armonía entre las facultades conscientes del Sol y la subjetividad lunar, favoreciendo la ausencia de conflictos internos y dando pie a una naturaleza serena y equilibrada. Las relaciones con la familia suelen ser excelentes y, en un tema masculino, el apego y el amor hacia la madre suelen ser dignos de tener en cuenta.

Por lo general, este aspecto se decanta hacia la tranquilidad, la carencia de problemas y augura una vida fácil, llevada dentro de la más sencilla y serena felicidad.

Luna opuesta al Sol

Del mismo modo que el trígono establecía una concordancia perfecta entre las características solares y las lunares, la oposición, por el contrario, crea un conflicto entre estos dos principios fundamentales del ser.

Hay que tener en cuenta que la persona con dicho aspecto tiene los dos puntos claves del tema en signos opuestos, por lo que unas veces se sentirá dominada por la posición lunar y otras por la solar. Ello creará un conflicto que, aun no siendo siempre muy agudo, en última instancia, y en el peor de los casos, podría desembocar en un desdoblamiento de la personalidad.

Vimos que con respecto a la salud, el trígono era excelente. La oposición, sin embargo, suele conducir a desórdenes de las funciones del organismo.

Esta posición no favorece ni las relaciones con el sexo opuesto ni con las personas en general, ya que el nativo parece estar en constante desacuerdo con los demás y con la sociedad que le rodea.

Con este aspecto se suele elegir como pareja a alguien con un carácter totalmente opuesto al propio y de gustos por completo distintos.

Las principales características de esta oposición podrían ser la falta de voluntad, la indecisión y la inestabilidad.

Luna en sextil con el Sol

Es un aspecto análogo al trígono, ya que sus características son muy similares a las de éste, aunque algo más moderadas. Influye con más fuerza en el aspecto mental y es bastante más activo que el trígono. Favorece también las relaciones tanto familiares como con el sexo opuesto.

La forma de ser y de manifestarse es bastante equilibrada, ya que se establece como un acuerdo entre el lado activo y consciente de la personalidad (Sol) y el emotivo y receptivo (Luna). Aunque quizá no de una forma tan clara como en el trígono, éste es un aspecto que también refuerza la salud.

Luna cuadrada al Sol

Este aspecto es parecido a la oposición pero, tal como en ese caso existían dos tendencias que iban intercambiándose mutuamente o bien una de ellas era la que dominaba a la otra, en la cuadratura estas dos tendencias actúan al unísono, creando una fuerte tensión y una lucha constante en la personalidad. Es un aspecto de independencia, pero quizás ésta sea una independencia mal enfocada, ya que suele crear choques con los padres y con la familia en general.

El conflicto entre la voluntad (lo que se desea) y la sensibilidad (lo que se siente) se ve reflejado en una lucha constante entre las facultades lunares y las solares que inducen al nativo a actuar de forma brusca y agresiva.

Existen dificultades de adaptación y es posible que la persona llegue a tener problemas y roces dentro de su ambiente. Este aspecto no favorece las relaciones con el sexo opuesto, y en un tema femenino, la mayoría de las veces suele indicar cierta masculinidad.

ASPECTOS DE LA LUNA CON MERCURIO

Todos los aspectos Luna-Mercurio indican una relación más o menos armónica entre la subjetividad lunar y el poder de raciocinio de Mercurio.

Son planetas que, en cierto modo, poseen algunas características comunes, pues, aunque de distinta forma, ambos se hallan relacionados con todo lo concerniente a los viajes, los contactos con el público, e influyen directamente en la capacidad de asimilación y de adaptabilidad de las personas.

La Luna conjunta a Mercurio

Este aspecto crea una hermosa unión entre las facultades intuitivas y receptivas propias de la Luna y el intelecto mercurial. Permite que toda la imaginación, tan típicamente lunar, pueda tomar forma y materializarse a través de la capacidad de expresión que posee Mercurio.

Por lo general, las personas con dicho aspecto en su tema son, aunque sea en el buen sentido de la palabra, muy curiosas. Se interesan por todo de una forma activa y están dotadas de una poderosa imaginación, una penetrante inteligencia y son, además, extremadamente perspicaces.

Los proyectos y fantasías que una y otra vez se complacen en ir elaborando su fértil imaginación, por suerte suelen llevarse a cabo gracias a la influencia de Mercurio. La conjunción Luna-Mercurio favorece el aspecto intelectual, pero la persona resulta demasiado sensible y algo caprichosa debido a la influencia lunar.

Luna en trígono con Mercurio

Es un aspecto sumamente armónico. Establece una excelente relación entre la sensibilidad y el cerebro, la imaginación y la lógica. Tanto los estudios como la capacidad de asimilación y la facilidad de expresión se verán sumamente beneficiados. Por ello, a menudo, el sujeto se siente interesado por el aprendizaje de idiomas, ya que, aunque debamos tener en cuenta el resto del tema, este aspecto es idóneo para ello.

En general, el trígono Luna-Mercurio establece un mutuo acuerdo entre la parte más sensible de la persona y el mental. Aquí, la intuición y la lógica actúan al unísono, por lo que y, gracias a Mercurio, la capacidad imaginativa del sujeto logrará encontrar un buen apoyo y un adecuado cauce de salida.

Luna opuesta a Mercurio

Se trata de un aspecto inarmónico que tiende a dificultar el poder de concentración. Puede suceder, o bien que el sujeto posea una enorme imaginación pero sea muy poco realista, o bien todo lo contrario, que sea muy práctico pero poco imaginativo y con un punto de vista muy limitado. La inteligencia es difusa, inestable pero, en la mayoría de los casos, bastante aguda.

Las personas con este aspecto en el tema acostumbrarán a tener algunos conflictos con los hermanos. Serán bastante propensos a los viajes; sin embargo, éstos no estarán exentos de problemas ni de dificultades.

La personalidad resulta algo confusa, ya que el sujeto cambia de continuo de opinión, lo prueba todo de forma superficial y difícilmente llega a interesarse por algo que en realidad sea serio.

Luna en sextil con Mercurio

Es un aspecto muy parecido al trígono pero de influencia más moderada. Actúa sobre todo a un nivel más mental y establece una excelente relación entre el mundo imaginativo de la persona y la capacidad de poder expresarlo. La fantasía y la ensoñación lunar encuentran en Mercurio a un buen aliado, ya que éste se encargará de manifestar bajo una forma concreta todas estas irrealidades propias de la influencia lunar.

Luna en cuadratura con Mercurio

Es un aspecto inarmónico y crea una disociación entre el sueño y la realidad; entre la imaginación y el análisis.

La sensibilidad y el intelecto se obstaculizan y se perjudican mutuamente. El sujeto resulta es en extremo cambiante, carente de firmeza y de concentración. La memoria suele fallarle a menudo y los despistes y las distracciones son frecuentes.

Las personas con este aspecto en su tema acostumbran a vivir en contacto con el público y, a menudo, resultan bastante populares entre los demás; sin embargo, esta popularidad tiende a experimentar continuos altibajos.

Tienen una acusada tendencia a hablar demasiado y, con frecuencia, suelen opinar o discutir sobre temas que desconocen. Por ello, a menudo acostumbran a crear malentendidos a su alrededor y terminan, por lo general, siendo el blanco de disputas o de murmuraciones.

ASPECTOS DE LA LUNA
CON VENUS

Los aspectos Luna-Venus se dan entre dos cuerpos completamente afines, ya que, sobre todo, a nivel afectivo, estos dos planetas se encuentran tan ligados que, gracias a los aspectos que se lleguen a formar entre ellos, podremos entrever las clases de conflictos o de acuerdos que se establecerán al respecto.

Estos aspectos relacionan los valores receptivos y emotivos de la Luna con la afectividad de Venus.

Luna en conjunción con Venus

Se trata de una conjunción armónica, ya que tiene lugar entre dos cuerpos afines. La sensibilidad lunar se encuentra unida a la afectividad y a la dulzura de Venus. Las mujeres con este aspecto en su tema natal suelen ser muy tiernas y maternales.

Existe una marcada tendencia a concentrar todo el interés en el terreno afectivo y, por ello, la sensibilidad se torna a menudo demasiado intensa.

Las personas con dicho aspecto suelen ser muy dulces, afectuosas y comprensivas con los que sufren, ya que acostumbran a ayudar y a proteger a los más débiles.

Esta conjunción favorece las capacidades artísticas, ya que, por lo general, el sujeto tiene un gusto bastante refinado. También suele amar la vida fácil, los placeres y el lujo, y se dejará llevar por la pereza y la indolencia.

Luna en trígono con Venus

Este aspecto crea una armonía entre la sensibilidad y la afectividad, favoreciendo, así, cualquier tipo de relación amorosa.

Las personas con dicho aspecto en el tema acostumbran a ser muy optimistas y tienen una acusada tendencia a ver las cosas bajo su ángulo más favorable. Dulces y sociables por naturaleza, buscan constantemente la simpatía y el afecto de los demás, ya que necesitan crear armonía y bienestar dondequiera que vayan. Quizá por ello acostumbran a ser muy populares y queridas por quienes las rodean.

Por lo general, la vida familiar se presenta feliz y exenta de problemas, y el bienestar o, al menos, el desahogo económico suele ser frecuente.

Luna en oposición a Venus

La oposición Luna-Venus suele acarrear bastantes problemas afectivos, y las decepciones al respecto acostumbran a ser frecuentes con los que sufren. La persona tiende a idealizar al ser amado y, posiblemente en más de una ocasión, su excesiva sentimentalidad la induzca a cometer más de un error, sobre todo de índole económico.

Suele tener dificultades para expresar sus sentimientos y a menudo no es correspondido en sus afectos. Esta oposición puede actuar también de forma totalmente contraria, es decir, convirtiendo al sujeto en alguien muy frívolo y poco constante en los afectos. De todas formas y en cualquiera de los dos casos, se desprende un hecho común, y ello es la poca estabilidad sentimental, causada a menudo por la figura de la madre, ya que ésta influye en el individuo de una forma nefasta, o bien creándole dificultades en el terreno amoroso, o bien convirtiéndolo en alguien frívolo y de sentimientos cambiantes.

Este aspecto, dependiendo del resto del tema, suele indicar la homosexualidad femenina.

Luna en sextil con Venus

Ante todo, éste es un aspecto de sociabilidad, y la persona tenderá a crear a su alrededor un ambiente tranquilo y agradable. Dotada de una gran sensibilidad, generalmente se mostrará muy expansiva en sus afectos y se preocupará por los demás.

Este aspecto favorece las aptitudes artísticas e inclina al sujeto a estar en continuo contacto con el elemento femenino.

Luna cuadrada a Venus

Este aspecto crea un choque o distensión entre la parte puramente receptiva-emotiva y la parte afectiva. En el fondo, la persona es menos dura de lo que aparenta. Este aspecto resta afabilidad y puede hacer que el sujeto sea algo intransigente con sus propios sentimientos o con los de los demás.

Con este aspecto se suele carecer de tacto y a la persona le cuesta expresar sus sentimientos a nivel emocional y encuentra serias dificultades a la hora de mostrar su afecto.

ASPECTOS DE LA LUNA CON MARTE

Los aspectos Luna-Marte relacionan a dos planetas que tienen en realidad muy poco en común. Relacionan la receptividad y sensibilidad lunar con la agresividad marciana. Por lo general, suelen poner de manifiesto el lado más intuitivo y primario de estos dos cuerpos.

Luna conjunta a Marte

Es una conjunción poco armónica, ya que se da entre dos cuerpos poco afines entre sí. Aquí, la agresividad pierde fuerza y la sensibilidad se torna más provocativa e impulsiva. La Luna logra moderar la fuerza y la agresividad marciana pero, sin embargo, pone de manifiesto el lado más infantil e irresponsable de la personalidad.

Esta conjunción conlleva una nota de riesgo y de audacia, pero también es símbolo de una excesiva impulsibilidad.

Luna en trígono con Marte

Se trata de un aspecto armónico que actúa de forma favorable en la sensibilidad lunar y el empuje y la agresividad de Marte. Las personas con esta posición en el tema son, por lo general, personas con mucha iniciativa propia y con unos grandes deseos de conquista.

Muy directas, espontáneas y poseedoras de una imaginación explosiva, necesitan poner en práctica rápidamente sus más mínimos deseos. Este aspecto otorga un gran valor, ya que, por lo general, convierte a las personas en seres en extremo audaces y con una gran confianza en sí mismas.

Muy temperamentales, odian las hipocresías y actúan siempre de una forma muy llana y directa, incluso, a veces, un poco infantil.

Luna opuesta a Marte

Éste es un aspecto desfavorable, y revela un antagonismo latente entre el instinto (Marte) y la sensibilidad (Luna).

Las personas con dicho aspecto en el tema suelen ser bastante violentas, apasionadas y, sobre todo, muy susceptibles.

La energía a menudo está mal controlada, ya que el sujeto acostumbra a exaltarse y a irritarse con facilidad.

Este aspecto denota una gran independencia, dado que la persona suele ser muy obstinada, combativa y tiende a marcarse su propio camino.

La vida familiar resultará, por lo general, bastante conflictiva y, en particular, la relación con la madre.

Extremadamente impulsivo, el sujeto se dejará arrastrar por sus instintos y tenderá a ser poco razonable y comprensivo con los demás. Lo empezará todo con mucho entusiasmo y rapidez pero, sin embargo, carecerá de continuidad. Con este aspecto en el tema, los excesos en la comida y, sobre todo, en la bebida podrían llegar a perjudicar al sujeto.

Luna sextil con Marte

Es un aspecto muy parecido al trígono, pero algo más atenuado. Otorga una gran imaginación, una imaginación positivista y encaminada a las realizaciones concretas.

Este aspecto denota una gran actividad, sobre todo a nivel mental o de ideas, ya que, a este respecto, al sujeto le resultará sumamente difícil permanecer inactivo.

Luna en cuadratura con Marte

Es un aspecto desfavorable, parecido a la oposición pero mucho más activo. Es un claro indicio de choque o tensión entre la sensibilidad lunar y la agresividad marciana.

En el sujeto existe una tendencia muy marcada a rebelarse ante todo y ante todos, ya que odia ser controlado por los demás. Esta tendencia se halla en la base de sus repentinos cambios de humor, de sus enfados lunáticos.

Muy poco sumiso, actuará siempre a su aire y de forma extremadamente independiente, sin dar importancia a lo que se pueda llegar a pensar de él. Tomará decisiones y actuará sin reflexionar, por «neura», por «manía», de un modo un tanto irracional.

Con este aspecto en el tema, la persona suele adoptar una actitud muy personal frente a la vida, aunque, a menudo, algo agresiva. Por lo general, la infancia suele ser conflictiva y acostumbra a marcar al sujeto, convirtiéndolo en un ser desconfiado, receloso y tremendamente susceptible.

ASPECTOS DE LA LUNA CON JÚPITER

Los aspectos de la Luna con Júpiter forman una excelente combinación. La sensibilidad lunar encuentra en ellos una extraordinaria forma de expresión, ayudada por la fuerza expansiva y el optimismo de Júpiter.

Estos aspectos son afines y complementarios, ya que no debemos olvidar la exaltación de Júpiter en el domicilio lunar, Cáncer.

Luna conjunta a Júpiter

Se trata de una conjunción favorable, ya que se da entre dos cuerpos afines. Su influencia es similar a la de los aspectos armónicos, aunque quizás algo más poderosa y concentrada.

Ante todo, esta conjunción demuestra una gran expansividad. La simpatía, la jovialidad y el optimismo son característicos entre las personas con este aspecto. Aquí, la alegría jupiteriana se encuentra fundida a la sensibilidad lunar, haciendo que ésta se enardezca y cobre una enorme fuerza.

Por lo general, las personas con este aspecto suelen triunfar en casi todo lo que se proponen, ya que la suerte siempre parece acompañarlas.

Muy afables y envolventes, acostumbran a actuar de forma protectora y paternalista.

A menudo pueden llegar a parecernos algo exagerados y vanidosos, ya que tienden a considerarse a ellos mismos más importantes de lo que realmente son. Pero, en el fondo, cuando se les conoce, resulta fácil adivinar que, bajo esta apariencia algo presuntuosa, se esconden unos seres realmente bondadosos y encantadores.

Luna bien aspectada a Júpiter

Es una excelente combinación que relaciona la sensibilidad lunar con la expansividad jupiteriana.

Las personas con este aspecto en su tema son muy serviciales, joviales y amistosas. Reaccionan frente a la vida de forma eufórica, expansiva y, sobre todo, con una gran dosis de optimismo.

Este aspecto favorece la fortuna, ya que, la mayoría de las veces, la suerte (Júpiter) viene a ser una clara consecuencia de la sociabilidad (Luna) que despliega el sujeto. Las relaciones familiares y, en particular, con la madre, por lo general, se presentan felices y exentas de problemas.

Como se ha dicho, y si el resto del tema no presenta contradicciones, se trata de un aspecto de suerte, abundancia y cierto bienestar económico.

El sujeto reacciona frente a los acontecimientos con un acusado optimismo y buen humor, sintiendo, además, un gran apego hacia las cosas buenas y placenteras de esta vida: diversiones, placeres, comodidades, etcétera. Este aspecto suele otorgar una gran imaginación y un profundo y sano idealismo.

Luna mal aspectada a Júpiter

La Luna mal aspectada a Júpiter acostumbra a ser indicio de una personalidad algo débil e influenciable. El comportamiento es incierto, falto de continuidad, y resulta muy propenso a sufrir continuamente crisis alternas de euforia y de abatimiento.

Las personas con dicho aspecto en el tema suelen dar a las cosas una importancia que en realidad no tienen, ya que, o bien las exageran muchísimo o, por el contrario, hacen caso omiso de ellas.

Poseen una imaginación muy particular y algo falseada, por lo que, a menudo, acostumbran a emitir juicios erróneos.

Son despreocupados y muy extravagantes, y a veces suelen vivir mucho mejor de lo que sus propios medios pueden permitirles. El ocio, los placeres y la vida fácil les atrae muchísimo y, por ello, resultan algo descuidados con el dinero (tanto con el propio como con el ajeno). Se dejan llevar por las situaciones, ya que son demasiado cómodos como para ni siquiera intentar luchar contra ellas. Las personas con este aspecto en el tema suelen viajar bastante, pero existen muchas posibilidades de que los viajes no se presenten excesivamente afortunados y de que lo único que encuentren en el extranjero sean trabas, dificultades y un sinfín de circunstancias adversas.

ASPECTOS DE LA LUNA CON SATURNO

Los aspectos de la Luna con Saturno no son excesivamente favorables, ya que se dan entre dos cuerpos en realidad muy poco afines entre sí. Tanto la sensibilidad como la imaginación y la indolencia, que son unas características típicamente lunares, no encuentran en Saturno el apoyo deseado, ya que éste las limita, las enfría y les confiere una nota de seriedad y tristeza.

Luna conjunta a Saturno

Ésta no es una conjunción muy afortunada, ya que existe un marcado antagonismo entre estos dos planetas. La fantasía, la facultad de ensoñación y la capacidad de ternura quedan limitadas pero, sin embargo, la personalidad se encuentra claramente beneficiada por una nota de seriedad y autocontrol.

Las personas con esta conjunción en el tema son, por lo general, muy responsables, prudentes y laboriosas.

En extremo exigentes (tanto con ellas, como con los demás), suelen tener una gran confianza en sí mismas. Muy prácticas y cuidadosas, poseen unas extraordinarias dotes de mando y de organización.

Esta conjunción es todavía más desfavorable en una mujer, ya que Saturno limita y enfría todos los valores femeninos.

La característica más común de la conjunción Luna-Saturno suele ser, por una parte, el autocontrol que estas personas poseen sobre sí mismas y, por otra, la capacidad de dominar sus emociones.

Luna en buen aspecto con Saturno

Incluso tratándose, como se trata aquí, de un aspecto armónico, éste no es excesivamente favorable, ya que se da entre dos cuerpos poco afines entre sí.

El concepto del deber, de las responsabilidades y las facultades organizativas, se encuentra muy desarrollado.

El sujeto, a pesar de no ser demasiado demostrativo, vive sus emociones de forma profunda y sincera. La personalidad suele ser tranquila, serena y reposada, y a menudo existe un gran equilibrio interior.

La intuición lunar se encuentra aquí algo limitada por Saturno; sin embargo, éste logra concretarla y hacer que se materialice.

Con esta posición en el tema, el éxito acostumbra a ser una consecuencia de la ayuda que recibe el sujeto por parte de personas de edad avanzada (Saturno).

Las relaciones familiares suelen desarrollarse de forma favorable y dentro de un ambiente serio y sosegado. Con respecto a estas relaciones y, al igual que en muchos otros aspectos, el sujeto se comportará siempre de forma responsable y, por cierto, bastante tradicional.

Luna en mal aspecto con Saturno

Este aspecto crea un choque o distensión entre los valores sensitivos e imaginativos de la Luna y la profundidad y seriedad de Saturno.

Las personas con este aspecto en su tema poseen una enorme sensibilidad, pero a menudo y, debido al excesivo temor y a la escasa confianza que en ellas mismas tienen depositada, todo lo que se relaciona con la afectividad o con los sentimientos suele resultarles bastante poco satisfactorio, y ser, en más de una ocasión, motivo de frustración.

La Luna mal aspectada con Saturno suele ser causa de tristeza y de melancolía, ya que la persona experimenta una aguda sensación de soledad, de limitación de su capacidad de amar.

La tendencia al pesimismo y a las depresiones es evidente, y la mala suerte parece perseguir al sujeto. La familia acostumbra a marcar a la persona y, en particular, la relación con la madre resulta algo fría y distante. Tampoco la infancia se presenta muy alegre y, debido a ello, la personalidad se resentirá más adelante. Extremadamente exigentes (tanto con ellas, como con los demás), suelen tener una gran confianza en sí mismas. Muy prácticas y cuidadosas, poseen unas extraordinarias dotes de mando y de organización.

Esta conjunción es todavía más desfavorable en una mujer, ya que Saturno limita y enfría todos los valores femeninos.

La característica más común de la conjunción Luna-Saturno suele ser, por una parte, el autocontrol que estas personas poseen sobre sí mismas y, por otra, la capacidad de dominar sus emociones.

ASPECTOS DE LA LUNA
CON URANO

Odian la rutina, los convencionalismos y todo lo relacionado con ellos, ya que son extremadamente individualistas e independientes. Siguen su propio camino y detestan hacer lo que hacen los demás, ya que les encanta sentirse diferentes al resto de la gente y destacar siempre con algo distinto.

Los aspectos Luna-Urano tienen muy poco en común, ya que sus valores son por completo incompatibles entre sí. La Luna rige todo lo cotidiano, lo habitual, y resulta ser extremadamente pasiva. Urano es todo lo contrario, original, poco usual, y, sobre todo, muy activo y dinámico. Sin embargo, cuando estas dos fuerzas planetarias logran complementarse, dotan al sujeto con una atractiva personalidad, una gran fuerza de decisión y una capacidad de inventiva y de reflejos fuera de lo común.

Luna conjunta a Urano

Es un aspecto muy dinámico. Aquí tanto la creatividad como la originalidad de Urano se encuentran fundidas a la imaginación y a la intuición lunar. Sin embargo, a menudo suele causar cierta dispersión, tanto a nivel de ideas como en la acción. Las personas con esta conjunción en su tema tienen un carácter muy vivaz e inquieto y acostumbran a estar marcadas por una gran dosis de originalidad.

Luna bien aspectada a Urano

Es un excelente aspecto en el que tanto la pereza como la pasividad lunar logran encontrar un punto de apoyo dinámico en las facultades creativas y en el poder de evolución de Urano.

Urano despierta, electriza y consigue avivar un poco la indolencia lunar, convirtiendo todos los valores cotidianos de la vida en algo distinto y original.

La intuición suele ser una de las principales características de este aspecto, ya que el sujeto con esta posición en el tema posee una intuición y un poder de percepción fuera de lo común, hasta el punto de llegar a interesarse a menudo por temas como la astrología y las ciencias ocultas.

Extremadamente impulsivos e independientes, todo lo que piensan, hacen o dicen parece estar revestido por una gran dosis de originalidad. Poseen un enorme magnetismo personal que, por lo general, envuelve y admira a quienes le rodean.

Las personas con este aspecto en el tema suelen tener unas ideas muy avanzadas, ya que se sienten atraídas por cualquier tipo de innovación. De hecho, también son las primeras en apoyar a cualquier movimiento que luche por su bienestar o una mejora de tipo social.

Luna mal aspectada con Urano

Este aspecto crea un conflicto entre la sensibilidad lunar y el poder dinámico y de decisión de Urano.

Las personas con dicho aspecto en el tema suelen ser algo excéntricas, bruscas e impulsivas. Muy dadas a los cambios súbitos, reaccionan siempre de una forma totalmente imprevista ante los acontecimientos, lo que desconcierta a quienes la rodean. Parecen estar continuamente bajo los efectos de una gran tensión nerviosa, ya que se irritan y se enfadan con suma facilidad.

La relación con la familia suele ser algo conflictiva y, a menudo, se encuentra marcada por separaciones bruscas e imprevistas.

La Luna mal aspectada con Urano hace reaccionar al sujeto de forma distinta y brusca frente a los acontecimientos y, tanto este hecho como no querer aceptar consejos por parte de los demás, lo transforman en alguien sumamente difícil e intratable.

Este peculiar carácter llegará a crearle algunos problemas y le causará más de una ruptura en sus relaciones.

ASPECTOS DE LA LUNA
CON NEPTUNO

Los aspectos de la Luna con Neptuno son una asociación patente entre dos valores de agua, y resultan, por tanto, completamente afines entre sí.

Estos dos cuerpos rigen todo lo relacionado con el subconsciente, la imaginación, la intuición y la sensibilidad. Quizás la única diferencia estribe en que la influencia lunar se desarrolla de forma más cotidiana y común, mientras que Neptuno actúa a un nivel mucho más elevado y universal.

Luna conjunta a Neptuno

La conjunción Luna-Neptuno es un aspecto que otorga una gran sensibilidad. El sujeto vive sus emociones y sensaciones al máximo y, por ello, a menudo se siente sobrecargado por un exceso de sensibilidad.

Las personas con esta conjunción en el tema suelen ser muy receptivas e intuitivas.

Extremadamente humanas y bondadosas, tienden a preocuparse mucho por los demás y, en particular, por los más desprotegidos, ya que, quizás al ser ellas mismas algo débiles, les resulta fácil comprender el sufrimiento ajeno y ayudar a los demás. Este aspecto crea cierta inestabilidad emotiva. El sujeto se deja llevar y envolver por las circunstancias, y carece de la fuerza suficiente como para luchar contra ellas.

Son unas personas muy melancólicas, y a menudo necesitan aislarse en lugares alejados donde puedan dar rienda suelta a su capacidad de ensoñación.

Luna en buen aspecto con Neptuno

Se trata de un hermoso aspecto en el que tanto la intuición como la sensibilidad parecen ser causa de una profunda inspiración.

Las personas con dicho aspecto en su tema poseen una enorme sensibilidad y son, además, extremadamente idealistas y soñadoras. Suelen sentirse llamadas a realizar algo maravilloso, fuera de lo común (Neptuno), pero sus aspiraciones casi siempre se encuentran limitadas y dirigidas por la influencia lunar hacia unos dominios más habituales y cotidianos. Estas personas tienen un gran espíritu de sacrificio y, al poseer una naturaleza tan sumamente emotiva, sienten una gran simpatía hacia los que sufren y hacia los que ellas consideran más débiles.

La imaginación, la receptividad y la intuición son unas características típicas de este aspecto, y el sujeto, en los lugares tranquilos y cercanos al mar (Neptuno), encuentra una hermosa fuente de inspiración que le permitirá el poder ensoñarse y lograr evadirse de la realidad durante un instante.

Luna en mal aspecto con Neptuno

Este aspecto acostumbra a crear un conflicto en la sensibilidad, ya que transforma al sujeto en un ser inquieto, hiperemotivo y con un gran desequilibrio interior.

Las personas con este aspecto en el tema son extremadamente impresionables; se dejan influenciar por todo y por todos, lo que, a menudo, suele repercutir de forma nefasta en su estado de ánimo.

Carecen de orden, de método y de sentido práctico. Por lo general, estas personas se alimentan de sueños y fantasías, ya que pocas veces logran realizar algo concreto y palpable. Tienden a crearse mundos de ilusiones y a sucumbir en ellos como única forma de evadir la realidad, que, por cierto, casi siempre acostumbran a considerar demasiado dura.

Tanto el alcohol como las drogas o cualquier otro medio de evasión suelen resultarles nefastos, ya que, al carecer del más mínimo autocontrol, acabarían por dejarse llevar por estos vicios y sucumbir a ellos por completo.

ASPECTOS DE LA LUNA
CON PLUTÓN

Los aspectos de la Luna con Plutón asocian los valores nocturnos y profundos de estos dos cuerpos.

Se establece una extraña relación entre la sensibilidad lunar y el impulso vital de Plutón.

Son dos fuerzas irracionales, cuya influencia resulta a veces poco palpable y algo difícil de interpretar, ya que no acostumbra a reflejarse en el carácter y repercute de forma poco visible y algo misteriosa en el sujeto.

Luna conjunta a Plutón

La conjunción Luna-Plutón une la imaginación y la receptividad lunar a la profunda fuerza y al enorme poder regenerativo que posee Plutón.

Proporciona al sujeto una profunda sensibilidad, que a menudo puede resultarle algo hiriente y dolorosa. Las personas con este aspecto en el tema son muy instintivas y emotivas; su sensibilidad, sus sensaciones, así como su imaginación, están en ellas muy arraigadas y concentradas.

Poseen unas facultades muy poco comunes; las premoniciones, las dotes hipnóticas y mediúmnicas están en ellas muy desarrolladas.

Es un aspecto algo irracional en el que tanto la sensibilidad como la intuición parecen estar bajo el influjo de unas fuerzas misteriosas e inexplicables.

Luna en buen aspecto con Plutón

Es un aspecto que relaciona favorablemente las características lunares tales como la imaginación, la intuición, la receptividad, etcétera, con el instinto creador de Plutón. Conlleva implícito en sí una gran fuerza y una intensidad emocional fuera de lo común.

Las personas con este aspecto en el tema poseen un gran magnetismo personal y una capacidad de persuasión casi ilimitada, lo que a menudo las convierte en un poco oportunistas.

La generosidad, las pasiones y el instinto son características típicas del aspecto Luna-Plutón.

Estas personas gozan de una enorme fantasía, y su continua necesidad de acción las empuja una y otra vez a nuevas creaciones. Sin embargo, podrían llegar a convertirse en seres realmente fanáticos y egocéntricos, dado que, a menudo, suelen considerarse a ellos mismos unos seres excepcionales.

Luna en mal aspecto con Plutón

Éste es un aspecto bastante conflictivo en el que la sensibilidad lunar no consigue acoplarse al impulso creador de Plutón.

Los valores femeninos (Luna) se encuentran enfrentados a los valores masculinos (Plutón), y ello conlleva a veces a una aguda sensación de esterilidad y una enorme agresividad.

El sujeto es instintivo, irracional y apasionado, pero su pasión es una pasión dolorosa, caótica y, a menudo, dramática. Su comportamiento puede hallarse revestido por una nota de introversión y renuncia, o bien caracterizarse por una gran agresividad y un espíritu francamente destructivo.

ASPECTOS DE LA LUNA CON EL ASCENDENTE

Los aspectos de la Luna con el ascendente sirven ante todo para ahondar en la personalidad del sujeto y aumentar sus características lunares.

Luna conjunta al ascendente o en aspecto armónico

Este aspecto otorga una gran popularidad y aumenta la capacidad imaginativa, así como el resto de las características lunares. Es un factor de suerte y de equilibrio emocional, reporta una agradable influencia por parte de la familia y, en particular, de la madre. Las personas con este aspecto en el tema estarán sometidas a constantes cambios, pero éstos serán la mayoría de las veces extremadamente afortunados para ellas. Por lo general, la influencia de las mujeres sobre el sujeto será una influencia notablemente favorable.

Luna mal aspectada con el ascendente

Éste es un aspecto bastante desfavorable para la salud y para el equilibrio interior del sujeto. Suele causar continuos cambios de humor, dispersión en las ideas, pérdidas de memoria y despistes.

Los constantes cambios a los que se verá sometido el sujeto no le resultarán en absoluto favorables. Las relaciones familiares tampoco serán muy afortunadas, y probablemente gozará de bastante impopularidad, sobre todo en torno a las mujeres, ya que éstas influirán en él de forma negativa y perjudicial.

Aspectos de la Luna con el medio cielo

Los aspectos de la Luna con el Medio Cielo nos orientan sobre la relación que se establece entre la familia (la madre, en particular) y la profesión del sujeto. También sirven para determinar el papel que asumirá el sujeto dentro de la sociedad.

Luna conjunta al medio cielo o aspectada armónicamente

Se trata de un aspecto favorable en el que el éxito tanto social como profesional se verá apoyado y favorecido por la familia. Es un factor de suerte, de popularidad y de éxito, y la profesión se encuentra a menudo relacionada con el público.

Las personas con dicho aspecto en el tema acostumbran a sufrir constantes cambios, cambios fortuitos que seguramente elevarán su nivel social. A menudo reciben una influencia y una ayuda muy beneficiosa por parte de las mujeres.

Luna mal aspectada con el medio cielo

Este aspecto es un claro indicio de un destino algo incierto e inestable. El sujeto acostumbra a fracasar en el campo profesional, aunque, a menudo, su fracaso se debe más a la mala suerte y a los ataques y envidias por parte de otras personas que a su propia incapacidad profesional.

Las relaciones con la familia no serán muy estables, y el trabajo lo separará de ella en más de una ocasión. La profesión suele ser aquella en la que se tendrá que estar en contacto con el público, pero, sin embargo, el sujeto gozará siempre de cierta impopularidad.

LA LUNA Y LA INFANCIA

Dadas sus características y su relación con el símbolo de la madre, la Luna siempre se ha asociado a la infancia, el período más dependiente y pasivo de nuestra existencia. Al igual que este planeta, durante esa época no podemos brillar con luz propia, y reflejamos la que nos llega del exterior, en particular la que proviene de la madre. Todavía no poseemos la fuerza suficiente como para valernos por nosotros mismos, y dependemos totalmente de ella. Por ello, la Luna no será tan sólo el planeta que gobernará los primeros años de nuestra vida, sino que, además, guardará durante toda ella una estrecha relación con la madre y con el papel que ésta desempeñe a lo largo de nuestra infancia.

La Luna es un factor determinante durante la infancia; evoca el vínculo latente entre la madre y el recién nacido. De cómo se desarrolle esta relación dependerá, en gran parte, el futuro psicológico del niño. En un principio, la madre (Luna) será el único contacto que el pequeño mantendrá con el mundo exterior, su primer contacto emotivo. En cierto modo, este nuevo ser vivirá a través de ella. La madre representará para él calor, afecto, seguridad e, incluso, durante cierto período, será su única fuente de sustento.

A través del estudio de la Luna en un horóscopo podremos llegar a deducir el tipo de relación que se estableció entre el niño y la madre, ya que, como es natural, ésta representará, por lo general, unas vivencias totalmente distintas para cada uno de los hijos.

Por su posición en el tema natal, es decir, según el signo en que se encuentre, la casa que ocupe y los aspectos que reciba, llegaremos a ahondar en el inquietante, aunque a menudo olvidado mundo de la infancia. He aquí el papel que en ella desempeñará la Luna a través de los doce signos del zodíaco. Más adelante veremos la Luna en las casas. Esta posición debe también tenerse en cuenta al estudiar la infancia.

Características de los niños con una Luna en...

Aries

Los niños con la Luna en Aries son unos niños despiertos, vivaces y muy activos. Por lo general, no suelen necesitar la ayuda de nadie, ya que les encanta valerse por sí mismos.

Son muy imaginativos y, a la vez, prácticos, ya que su espíritu creador necesita experimentarlo todo, tocarlo todo, lamerlo todo, oírlo todo y, a veces, romperlo todo...

Detestan los juegos tranquilos, ya que prefieren las aventuras y los juegos más violentos en los que puedan dar rienda suelta a su «pequeña» agresividad latente en ellos.

Muy autodidactas ya desde pequeños, suelen formarse sus propias opiniones y, como les gusta actuar a su aire, suelen ser bastante desobedientes.

Para tratar con un niño con una Luna en Aries habrá que armarse de paciencia, pues son extremadamente tozudos, muy propensos a las rabietas y siempre querrán salirse con la suya. Suelen tener una gran confianza en sí mismos pero, a veces, una influencia desproporcionada de la madre podría jugar un papel nefasto en el futuro del niño, ya que, entonces, su innata independencia puede transformarse en una dependencia ciega y total hacia la figura materna, autoritaria, agresiva, impaciente e injusta para con el niño. Por ello es aconsejable que en estos casos la madre no actúe de forma excesivamente proteccionista con él.

Tauro

Los nacidos con una Luna en Tauro suelen ser unos bebés muy tranquilos y dormilones. Extremadamente golosos y glotones, no suelen causar muchos problemas a la hora de las comidas, siempre y cuando se les respete tanto la cantidad como la calidad. Desde pequeños, los niños con una Luna en Tauro demuestran que tienen muy buen gusto.

Muy pacientes y tranquilos, necesitan ser estimulados constantemente, ya que, sobre todo en los estudios y a pesar de poseer una memoria excelente y de esforzarse mucho, se muestran bastante lentos.

Muy afectuosos y emotivos, estos niños suelen vivir sus sentimientos de una forma casi adulta, que a veces desconcierta a las personas mayores. De ser él el mayor, los padres deberán intentar no hacerle sentir celos procurando no dejarle nunca de lado o mostrar preferencia hacia otro de los hijos, pues, aunque él sea muy cariñoso con sus hermanos a los que, sin duda alguna adorará y protegerá siempre, en su fuero interno no podrá evitar sentirse algo celoso.

La comodidad es muy importante para todos los que han nacido con esta posición lunar, pues, tanto a nivel material como humano, necesitan sentirse rodeados por un clima de seguridad, calma y comodidad.

Muy obstinados y cabezotas, cuando se les mete una idea en la cabeza es prácticamente imposible hacerles desistir en su empeño.

Estos niños aprenden pronto el valor del dinero ya desde pequeños. No son sólo capaces de saber cómo se utiliza, sino que, además, saben cómo darle un rendimiento útil.

La figura de la madre es muy importante para ellos (sobre todo para las niñas), ya que incluso en los aspectos más absurdos y cotidianos tenderán a copiarla e imitarla, tomándola siempre como modelo.

Géminis

Los niños con la Luna en Géminis son, desde la más tierna infancia, unos niños muy curiosos, inquietos y algo nerviosos. Suelen ser unos pequeños seres no excesivamente apegados ni al hogar ni a la familia, y se adaptan fácilmente a las circunstancias.

Ya desde pequeños su curiosidad natural se expresa en unos grandes deseos de aprender, mostrándose, en este sentido, muy inquietos.

Resultaría interesante saber encauzar esta desmedida sed de conocimiento, pues, como estos niños son a la vez muy curiosos e indecisos, les cuesta mucho concentrarse en una sola cosa y tienen una tendencia innata a dispersar sus energías, tendencia que difícilmente lograrán corregir con el paso del tiempo.

Con seguridad les entusiasmará leer o escribir, así como divertirse con juegos que exijan tanto una buena dosis de inteligencia como rapidez de reflejos.

Aprenderán muy pronto a saber expresarse tanto a nivel oral como escrito; sin embargo, si la Luna estuviese mal aspectada, les proporcionaría algunos trastornos de tipo nervioso que repercutirían en ellos causándoles dificultades en el habla o tartamudez.

Seguramente los padres (y, en particular, la madre) darán mucha importancia a los estudios de sus hijos, pues éstos, ya desde muy pequeños, demostrarán saber asimilar las cosas con rapidez y tener una gran facilidad de comprensión.

Cáncer

Los niños con la Luna en Cáncer se mostrarán ya desde su mismo nacimiento muy sensibles al ambiente que los rodea. Sienten un gran apego por la familia y el hogar y, puesto que son extremadamente sensibles y receptivos ya desde su más tierna infancia, necesitarán recibir constantes muestras de afecto y de cariño por parte de los suyos. Sociables por naturaleza, son muy queridos entre su núcleo de amigos y vecinos y, dada su fértil imaginación, no hay nadie que, como ellos, sepa inventarse nuevos juegos o diversiones. Tienen muchísima memoria, sobre todo cuando se trata de recordar algo que les haya afectado emocionalmente, ya que entonces serán capaces de memorizar hasta el último detalle de unos hechos o lugares que incluso pasarían del todo desapercibidos a sus mayores.

Los niños con esta posición lunar en el tema necesitan sentirse muy queridos y protegidos, ya que la imagen que durante su infancia puedan llegar a formarse influirá de forma definitiva en su futuro desarrollo personal y su equilibrio psicológico.

Grandes amantes de las culturas y de las tradiciones, resulta chocante a veces comprobar cómo, ya desde muy niños, les encanta asistir a bailes, espectáculos y fiestas populares.

En su educación ocuparán un papel muy importante los cuentos. Es sumamente aconsejable explicarles fábulas, cuentos y leyendas, que recordarán toda su vida, gracias a su prodigiosa memoria.

Ya desde pequeños, estos niños se sienten muy atraídos por el agua y el mar, que pueden llegar a significar para ellos algo realmente maravilloso y extraordinario.

Los niños con la Luna en Cáncer pueden ser a veces algo caprichosos, inquietos y susceptibles, y los padres deberán aprender a aceptarlos y respetarles los continuos cambios de humor que empezarán ya a manifestarse cuando el niño es todavía muy pequeño.

Leo

Los niños nacidos con la Luna en Leo son, por lo general, unos niños vitales, sinceros y encantadoramente nobles.

Muy autoritarios, estos niños se erigirán ya desde pequeños como auténticos tiranos para con los suyos, consiguiendo por este medio todo lo que se propongan. Dado su carácter, les gustará mandar y organizarlo todo, por lo que, posiblemente, siempre serán los cabecillas del grupo y serán considerados como líderes entre su núcleo de amigos.

Son unos niños que en raras ocasiones pasarán desapercibidos para el resto de la gente, ya que, estén donde estén, siempre se harán notar.

Extremadamente alegres, por mucho que se quiera, resultará muy difícil reñirlos o estar enfadado con ellos, puesto que, como buenos comediantes, disfrutan haciendo teatro, con lo que logran que la gente se ría.

Estos niños tendrán ya desde muy pequeños una tendencia innata a seleccionar a sus amigos y a rehuir de los ambientes que, por vulgares, poco refinados o soeces, no se adecuen a su personalidad.

Muy ambiciosos, no se conforman con poco pero, al igual que saben exigir, también saben dar, y aunque parezca una contradicción, suelen ser extremadamente desprendidos y generosos.

Los niños que nacen con esta posición lunar en el tema poseen, sin duda, infinidad de virtudes y aprenderán a desarrollarlas favorablemente siempre y cuando sus padres sepan controlar su vanidad y su exceso de orgullo, ya que, de lo contrario, éstos querrán ser siempre el centro de atención y exigirán ser tratados por sus mayores como pequeños reyes en potencia.

Virgo

Algo temerosos y retraídos, los niños con la Luna en Virgo se suelen caracterizar por su inevitable timidez. A estos niños les resulta muy difícil poder expresar sus sentimientos o manifestar sus emociones.

Mucho más eficientes y serviciales que otros niños de su edad, disfrutarán haciendo favores y ayudando a los demás. Sin embargo, este exceso de servilismo y de humildad no puede conducirles a nada bueno, ya que, a menudo, esconde un complejo de inferioridad que los padres deberán extirpar intentando lograr que el niño aprenda a valorarse y a tener confianza en sí mismo. Desde muy pequeños demostrarán que tienen un espíritu analítico fuera de lo común, y su mayor entretenimiento será el de preguntar el porqué de cada cosa. Por ello, a menudo, pueden llegar a exasperar a sus padres, ya que siempre tienden a imaginarse dificultades donde no las hay y a buscar tres pies al gato. Son muy meticulosos y maniáticos con la higiene.

Los niños con la Luna en Virgo necesitan sentirse a gusto en su hogar y, ya desde su más tierna infancia, saben valorar la limpieza y la comodidad, y son muy conscientes de la utilidad de las cosas que los rodean.

Extremadamente tímidos y pacíficos, estos niños necesitarán que sus padres los motiven continuamente e intenten hacerles adquirir un poco más de audacia y de confianza en sí mismos.

Libra

Los nacidos con esta posición lunar en el tema son unos niños muy sociables y se sentirán muy a gusto tanto en compañía de otros niños de su edad, lo mismo que con personas más mayores.

Ya desde pequeños, buscan la armonía y el equilibrio en todo lo que les rodea, con lo que demuestran que ya tienen un sentido de la estética muy desarrollado.

Son unos seres muy pacíficos y tranquilos, y suelen rechazar la violencia, rehuir los conflictos y las peleas. Por ello, quizás dentro de su núcleo de amigos, nunca lleguen a ser ni los líderes ni los cabecillas como aquellos que tienen la Luna en Leo.

Sin embargo, debido a su innato sentido de la justicia, saben ganarse la estima y la confianza de los que les rodean, pues siempre se puede contar con ellos para que, en los conflictos, actúen como mediadores.

Los niños con la Luna en Libra se muestran siempre muy elitistas a la hora de seleccionar a sus amigos, y ello, con el paso del tiempo, podría llegar a convertirlos en personitas auténticamente esnobs.

Con esta posición lunar en el tema, los niños serán algo perezosos y poco perseverantes, por lo que, sus padres, deberán estimularlos e intentar que dejen de lado esta indolencia que, generalmente, tanto los caracteriza.

Escorpio

Todo lo relacionado con el mundo emocional es muy complejo y profundo para los niños con esta posición lunar en el tema.

Ya desde pequeños, estos niños demuestran que poseen grandes escrúpulos y, a veces, llegan incluso a pensar y a actuar de una forma casi adulta. Poseen una gran entereza de carácter y, aunque esta cualidad resulte algo chocante en un niño, son muy sinceros. Rechazan las mentiras y las falsedades y prefieren que siempre se les diga la verdad, ya que, dada su aguda perspicacia, acaban irremediablemente por descubrir el engaño. Los niños con la Luna en Escorpio tienen una personalidad muy fuerte, son bastante agresivos y suelen rebelarse con energía ante cualquier clase de castigo. Para tratar con niños que tengan esta posición lunar en su tema, resultarán mucho más recomendables y fructíferas las explicaciones que las amenazas o los castigos. Sorprendentemente curiosos e imaginativos, ya desde pequeños tenderán a inventarse mil y una historias y disfrutarán participando en juegos en los que puedan aclarar enigmas o resolver misterios, dando así rienda suelta al pequeño detective que llevan dentro.

Muy extremistas con los que quieren, tenderán a exigirles constantes muestras de afecto, pero deberá ser un afecto real y verdadero. Son unos niños bastante instintivos y con una sensibilidad algo inquieta. Sin embargo, la envidia y los celos suelen acompañarles a lo largo de su vida, llegando incluso a anularles multitud de virtudes y repercutiendo de manera negativa sobre su rica personalidad.

Sagitario

Los niños con la Luna en Sagitario son vitales, activos y muy joviales. Ya desde pequeños demostrarán que sienten un gran amor hacia los animales y hacia la vida al aire libre.

Por lo general, no acostumbran a tener miedo a nada, y esta audacia a menudo se transforma en imprudencia, y su exceso de valentía en ocasiones les conlleva más de un disgusto.

Son independientes y, al mismo tiempo, muy comunicativos, ya que les gusta estar con la gente y se adaptan con facilidad a las circunstancias.

Muy optimistas, estos niños se entusiasman de inmediato por todo y tienen la virtud de saber transmitir y contagiar este entusiasmo a quienes les rodean.

Los niños con la Luna en Sagitario son unos niños con los que realmente resultará difícil enfadarse o no reírse, ya que son extremadamente simpáticos y afectuosos. Sin embargo, y por su bien, habrá que intentar hacerles valorar el sentido del deber, ya que no suelen tener demasiado sentido de la responsabilidad y, a menudo, esta falta de seriedad, ya latente en ellos desde pequeños, puede acarrearles problemas cuando crezcan.

A estos niños les resulta imposible permanecer inactivos, ya que poseen una energía y una vitalidad fuera de lo común. Si, por casualidad, y tal como suele ocurrir con esta posición lunar en el tema, se sienten atraídos por algún tipo de deporte, los padres deben apoyarlos y animarlos, ya que ésta es una excelente forma de que puedan expresar y deshacerse de este exceso de energía.

Capricornio

Con esta posición lunar en el tema, la infancia resulta una etapa básica para la futura formación del niño, ya que los resentimientos y las emociones que surjan en ella lo acompañarán irremediablemente a lo largo de toda su vida.

Es importante que estos niños se sientan rodeados por un clima cálido y jovial, pues al ser unos niños tristes y melancólicos necesitan recibir constantes muestras de afecto, muestras que difícilmente sabrán devolver, ya que son muy reservados en todo lo que concierne a sus emociones y, a menudo, sienten una especie de bloqueo afectivo.

Suelen ser demasiado realistas y responsables para su edad y poseen un crítico y agudo sentido del humor más cercano al humor de un adulto que propio de un niño.

Los niños con la Luna en Capricornio son bastante tímidos, prudentes y metódicos. A primera vista, parece que les falte algo de este entusiasmo tan característico en los niños; sin embargo, este entusiasmo se transforma en ellos en ambición, una ambición ya latente desde su más tierna infancia.

El papel de la madre influirá de un modo positivo en lo que concierne al futuro económico y profesional del niño pero, a nivel afectivo, puede no ser todo lo rico y cálido que éste precisa. Para los niños con esta posición lunar en el tema, el ambiente familiar debería ser alegre, cálido y afectuoso, un lugar en el que se sintiesen libres de toda preocupación, ya que, posiblemente, ésta sea la única forma de lograr no convertirlos en adultos antes de tiempo, con todos los traumas que ello conlleva.

Acuario

Los niños con la Luna en Acuario son unos niños muy peculiares cuyas originales ideas podrán llegar, en más de una ocasión, a sorprender a sus padres.

Aunque en el fondo son muy independientes, su originalidad y simpatía provocará el afecto de quienes les rodean, e impulsarán al niño a verse siempre rodeado por multitud de amigos que encontrarán en él siempre ayuda y comprensión, pues, para un niño con la Luna en Acuario, la amistad siempre será lo primero.

Suelen comportarse de forma un tanto extraña pero muy personal, y sus reacciones, así como sus bruscos cambios de humor, son imprevisibles.

Seguramente los padres de un niño con la Luna en Acuario se sientan algo sorprendidos al descubrir el ansia de libertad que poseen desde pequeños y que, con certeza, seguirán manteniendo a lo largo de toda su vida.

Los niños con esta posición lunar en el tema demostrarán, incluso en sus juegos, que tienen una gran dosis de originalidad; preferirán las diversiones un tanto novedosas a cualquier tipo de entretenimiento, y se decantarán por los juegos electrónicos o que posean alguna relación con el espacio.

Son muy imaginativos y su poder de inventiva es ilimitado; por ello, ya desde pequeños, se sentirán atraídos por la literatura fantástica o futurista.

Para que el niño con la Luna en Acuario pueda sentirse plenamente a gusto con los mayores, éstos deberán intentar comprenderle y aprender a respetar su forma de ser que, a veces, por cierto, puede resultar algo desconcertante.

Piscis

Los niños con la Luna en Piscis son unos niños sensibles, cariñosos y muy impresionables. Precisarán más que cualquier otro niño crecer en un ambiente cálido y afectuoso, ya que requieren constantes muestras de afecto y, sobre todo, necesitan sentirse queridos y protegidos por los suyos en los momentos de inseguridad.

Estos niños parecen ser muy adaptables; sin embargo, lo que les ocurre es que cuando se sienten a disgusto en un sitio, tienden a refugiarse en su mundo de ensueños y fantasías. Muy impresionables, son unos niños a los que se les puede herir y hacer llorar con mucha facilidad.

Ya desde pequeños, se muestran muy compasivos y generosos con los demás, y su excesiva credulidad puede conllevarles más de un problema. Suelen ser unos niños bastante reposados y tranquilos, por lo que preferirán los juegos sosegados y en los que puedan expresar su inagotable imaginación. Por ello, también desde pequeños, mostrarán un gran amor por la música y por los clásicos libros de cuentos en los que aparezcan duendes, brujas, hadas y princesas en apuros...

La madre podrá llegar a jugar un papel primordial en la vida del niño, papel que podría ser muy positivo de lograr si ésta deposita en el pequeño todo el universo de ternura y de amor que él necesita.

Un niño prodigio: Mozart

La personalidad de alguien como Mozart no puede definirse tan sólo por el papel que juega la Luna en su horóscopo, ya que, para poder llegar a ahondar un poco en su carácter, deberíamos de tener en cuenta el resto del tema. Sin embargo, y dado que este manual está dedicado exclusivamente a la Luna, me centraré en ella, e intentaré, de forma breve y concisa, explicar la influencia que ésta pudo llegar a ejercer sobre el niño prodigio que fue Wolfgang Amadeus Mozart.

Mozart tenía la Luna situada en el signo de Sagitario, lo que, de hecho, le confirió ya desde su más tierna infancia un carácter alegre, entusiasta y optimista. Ya desde muy niño, solía cautivar la atención del público, y no sólo por su música, sino también por su vivacidad y su espíritu jovial, que maravillaban a los presentes, quienes abrumaban al pequeño con un sinfín de aplausos y halagos.

La Luna en Sagitario es una Luna sumamente autodidacta y, de hecho, el pequeño Mozart nunca asistió a la escuela, ya que su padre (Casa IV) fue su único maestro. Demostró que siempre sentía un gran amor hacia las matemáticas y la aritmética, ya que éstas le daban una respuesta concreta y palpable a sus preguntas. (Más que una influencia lunar, ello puede deberse a su ascendente en Virgo y a la conjunción Saturno-Sol-Mercurio en Acuario). Este amor por la exactitud se hacía patente en sus obras, ya que la perfección fue la clave de sus composiciones; en ellas no faltaba ni sobraba ninguna nota, y cualquier variación, por pequeña que fuese, cambiaba por completo el ritmo de la obra.

La Luna está situada en la Casa IV, y precisamente una de las características que más llegó a marcar a Mozart, sobre todo durante su infancia, fue la de los numerosos cambios y traslados, ya que, desde muy pequeño, viajó una y otra vez por toda Europa, en concreto por las Cortes, y llegó a tocar ante el papa, en la Santa Sede.

El padre influyó de forma notoria sobre el futuro del niño, y como también era músico, supo aprovechar al máximo el inconfundible talento de su hijo, al que no dudó en explotar, exhibiéndolo ante el público.

La Luna recibe un buen aspecto (sextil) de Júpiter; éste aumenta el optimismo y las ganas de vivir (características bastante patentes ya, debido a la posición de la Luna en Sagitario), y hace que el joven músico sepa reaccionar de forma alegre, expansiva y eufórica ante los acontecimientos, incluso ante las situaciones más penosas o desagradables, lo que a menudo descorazonaba a sus más implacables enemigos. De hecho, y a pesar de las adversidades que padeció sobre todo al final de su vida, la música de Mozart no sufrió cambio alguno, puesto que siguió siendo la misma música alegre, vivaz, inquieta y llena de vida.

El sextil Luna-Júpiter, apoyado por Neptuno, crea un gran apego hacia todo lo que pueda representar algún tipo de placer o evasión, y Mozart, por cierto, era muy amigo de las fiestas y de las diversiones.

Mozart tenía unas grandes necesidades económicas, ya que su nivel de vida le obligaba a gastar mucho más de lo que realmente podía permitirse. Generalmente, Mozart actuaba siempre ante un público selecto y tuvo la oportunidad de rodearse de gentes distinguidas y vivir dentro de un ambiente de lo más refinado e ilustre (la corte). Quizá donde mejor se constate su asombrosa creatividad, así como el poder sobrenatural de su música, sea en la conjunción Luna-Plutón. Ésta le otorga una sensibilidad intensa y fuera de lo común. Mozart parecía componer su música bajo el influjo de fuerzas mágicas y misteriosas, pues la sentía como algo procedente del más allá y se limitaba sólo a transcribirla como si de un dictado se tratase. Nunca retocaba su música. La plasmaba en el papel tal y como la sentía.

El trígono Luna-Neptuno aumenta la sensibilidad haciendo que Mozart se sintiese llamado a realizar algo grande, algo sublime, lo que, de hecho, consiguió, a pesar de encontrarse limitado por una serie de condiciones adversas (deudas, envidias, etcétera). La inspiración parecía llegarle de forma súbita y en los momentos más insospechados. En cuanto sentía fluir la melodía de entre sus dedos, se sentaba en cualquier parte hasta completar mentalmente el tema, que después se limitaba a transcribir sobre un trozo de papel.

La situación de Neptuno en la Casa XI conllevaba que Mozart eligiese sus amistades entre personas algo peculiares y con muchas características neptunianas. Con algunos de sus amigos el músico podía compartir sus anhelos e ilusiones, pero, con la inmensa mayoría, lo único que podía llegar a compartir era un deseo común de evasión y unas cuantas botellas de vino.

La Luna recibe una cuadratura por parte de Urano, y este aspecto obligó a Mozart a actuar de forma brusca e imprevista. Odiaba todo lo establecido: los formulismos, los convencionalismos, etcétera (estas características se ven reforzadas, además, por su signo solar, Acuario).

Si a todo ello le añadimos también su costumbre de actuar siempre a su antojo y su manía de no aceptar nunca los consejos de los demás, comprenderemos por qué este joven músico se vio envuelto durante toda su existencia en más de un embrollo.

Urano se encontraba situado entre las Casas VI y VII, pero yo casi me inclinaría a pensar que tuvo una mayor incidencia en la Casa VI, ya que su trabajo siempre fue tachado de demasiado avanzado y moderno, puesto que se salía de lo común y de lo habitual, y rompía los moldes establecidos (Urano).

Su situación laboral coincide en gran medida con la posición de este planeta en la Casa VI. Mozart adoptó una actitud muy personal y excéntrica frente al trabajo, y su forma brusca de reaccionar, su desdén por las normas establecidas y su espíritu rebelde le ocasionaron serios reproches por parte de sus superiores.

La cuadratura de la Luna con el ascendente, así como su oposición al Medio cielo, son un claro indicio de unas relaciones familiares francamente inestables. De hecho, de niño, Mozart vivió rodeado de un ambiente de lo más bohemio, y su infancia fue un continuo peregrinaje.

La figura de la madre (Luna) no parece ser muy significativa en su vida, ya que fue el padre quien más influyó en ella; sin embargo, la madre siempre se portó con el niño de forma en extremo maternal y benevolente, profesándole un verdadero cariño (Luna sextil en Júpiter).

La situación profesional de Mozart destacó por su gran inestabilidad y por las rivalidades mezquinas de las que fue objeto por parte de sus mismos compañeros (Luna opuesta al M.C.). En realidad, sus fracasos en este campo se debieron a las calumnias y envidias de quienes le rodeaban que, dolidos por su éxito, intentaron por todos los medios frustrar la ascendente carrera del joven músico y desacreditarlo ante los ojos de los demás.

Debemos tener en cuenta que su regente lunar (Júpiter) se encuentra situado en Libra y en la Casa II, lo que hizo que el joven fuera alguien alegre, sociable y sumamente generoso. En realidad, Mozart era demasiado espléndido con el dinero, ya que le duraba muy poco y parecía como si se le escapase de entre las manos, puesto que él jamás dudaba en compartirlo con los demás.

La Luna cuadrada a Urano le confería a Mozart una personalidad un tanto excéntrica e impulsiva, y podría ser la causante de los continuos cambios y reveses de fortuna que, hasta el final de su vida, padeció.

ASPECTOS DE LA LUNA

Luna conjunta a Plutón
Luna trígono a Neptuno
Luna sextil a Júpiter
Luna cuadrada a Urano
Luna cuadrada al ASC.
Luna opuesta al M.C.

W. AMADEUS MOZART

Arbor
Scientiae

105

LA LUNA Y EL AMOR

Aunque el papel que ejerce la Luna en el terreno amoroso, dada su relación con el mundo de las emociones, sea sumamente importante, no deberemos olvidar que existen otros muchos factores en el tema que nos serán de gran ayuda a la hora de adentrarnos en la interpretación de la vida amorosa.

Estos matices vendrán determinados en gran parte a través de la influencia de Marte (acción, deseo, pasión) de las Casas V, VII y VIII (estrechamente vinculadas, cada una a su manera, con el mundo amoroso) y, sobre todo, Venus (atractividad, afecto, placer experimentado, etcétera).

Tanto Marte como Venus actúan en un plano más sexual que la Luna, que se aproxima mucho más a nuestro estado emotivo. El Sol, asimismo importante, es la antítesis de la Luna, ya que pone de manifiesto nuestros impulsos vitales, directos, y constituye la expresión dinámica de nuestros sentimientos.

En cuanto a la Luna, ésta será la base de nuestra sensibilidad, de nuestra receptividad y pone de manifiesto la actitud adoptada por cada uno de nosotros frente a los estímulos amorosos. He aquí las características más significativas de la Luna en lo referente al amor a través de su paso por cada uno de los doce signos del zodíaco.

Luna en Aries

Bajo el prisma del amor, la Luna en Aries corresponde a personalidades extremadamente impulsivas, impacientes e impetuosas. Muy propensas a dejarse llevar por el típico «flechazo», estas personas actúan siempre bajo el efecto del primer impulso y sin detenerse a recapacitar en las consecuencias. Debido a ello y a su carácter infantil y caprichoso, sus relaciones son, por lo general, muy breves, aunque, a veces, pueden acertar…

La Luna en Aries es la que de una forma más clara y concisa nos refleja un amor de fuego: un amor impulsivo, ardiente y apasionado. Llega con una fuerza arrasadora, pero, al igual que este elemento, también se quema y arde con suma facilidad. Las personas con la Luna en este signo detestan las relaciones aburridas y, al igual que haría un guerrero en el campo de batalla, necesitan en este terreno vencer, dominar y, finalmente, salir victoriosos.

Una vez han logrado subsanar las primeras dificultades y resolver los problemas, parten en busca de más emociones y aventuras, disponiéndose a realizar nuevas conquistas.

Luna en Tauro

Las personas con una Luna en Tauro otorgan una gran importancia a la vida amorosa y, por ello, son sumamente lentas a la hora de tomar una decisión al respecto. Necesitan reflexionar y meditar durante mucho tiempo sobre las posibles consecuencias que una nueva relación podría acarrearles. Sin embargo, una vez han logrado tomar la decisión, se entregan por completo a la persona amada. Debido a ello, y a su fiel y sincera forma de ser, las rupturas son poco frecuentes y la vida sentimental se les presenta, por lo general, feliz.

Las personas con la Luna en este signo son muy tiernas y afectuosas. Quizá su único defecto se deba a su instinto innato de posesividad y al que siempre acabará por convertirse en su peor enemigo: ¡los celos!

Muy maternales y envolventes, su forma de amar podría recordarnos a veces al amor que despliega «mamá gallina» hacia sus polluelos cuando quiere protegerlos resguardándolos bajo sus alas. Aunque este matiz tan maternal y protector pueda despistar un poco a primera vista, hay que tener en cuenta que las personas con la Luna en Tauro son muy sensuales y sus relaciones suelen estar bañadas por una gran dosis de pasión.

Luna en Géminis

Las personas con la Luna en Géminis necesitan entablar unas relaciones amorosas sumamente libres, basadas en la mutua comprensión intelectual.

Al ser mucho más cerebrales que emotivas, necesitan, además de compartir un mutuo sentimiento de amor con la persona elegida, tener en común una serie de inquietudes y de ideas. El hecho de mantener constantes diálogos con su pareja es para ellas imprescindible, ya que poseen una gran facilidad de palabra y un extraordinario poder de convicción. Éste es el terreno en el que mejor se desenvuelven y en el que se sienten más seguras. Cuando por fin logran establecer una relación afectiva más o menos estable, saben adaptarse y acomodarse muy bien a su pareja.

Son muy cambiantes y bastante propensos a los coqueteos, ya que les encanta «mariposear». Necesitan compartir, informarse e informar y, a menudo, el amor es para ellas la manera de lograrlo.

Luna en Cáncer

En el terreno amoroso, una Luna en Cáncer convierte a la persona en alguien sumamente tierno, sensible y cálido. Siempre dispuesto a escuchar, a comprender y a ayudar a los demás, busca constantemente a alguien a quien proteger, por lo que la pareja idónea será aquella que se deje querer, mimar y cuidar.

A las personas con la Luna en Cáncer les cuesta mucho abandonar a los que aman y suelen guardar siempre un vivo recuerdo de sus amores anteriores, sin lograr llegar a desprenderse nunca por completo de su imagen.

Tienen tendencia a casarse muy jóvenes y, por lo general, parecen haber nacido para formar un hogar y crear una familia. Muy tiernos y afectuosos, son padres sumamente maternales con sus hijos, por quienes, por cierto, sienten verdadera debilidad. Desean que su hogar se convierta tanto para su pareja como para su familia en algo lo más parecido posible a un refugio, ya que se comportan siempre de forma tierna, comprensiva y cariñosa con sus allegados.

Luna en Leo

Tanto en este terreno como en casi todos, las personas con la Luna en Leo necesitan sentirse admiradas y ser el centro de atención. En el fondo, y pese a su imagen algo arrogante, tienen una enorme necesidad de sentirse amadas.

Otorgan una enorme importancia a todos los asuntos del «corazón», y les resultaría imposible concebir una vida sin amor. Por lo general, suelen ser tan teatrales en sus demostraciones afectivas que resulta muy difícil enfadarse con ellos.

Las personas con la Luna en este signo son muy cariñosas y leales; sin embargo, su continua necesidad de afecto las obliga a menudo a buscar nuevas relaciones fuera de la pareja. Por ello sería preferible que ésta no fuese muy celosa, pues, aunque sólo suelen confiar su amor a la persona elegida, no desaprovecharán la menor ocasión si se les presenta la oportunidad de vivir una nueva aventura.

Luna en Virgo

Las personas con la Luna en Virgo, debido a su carácter sumamente analítico y detallista, suelen mostrarse muy prudentes en el momento de entablar una relación amorosa. Tímidas y recatadas por naturaleza, se sienten emocionalmente bastante inseguras y manifiestan una gran inhibición a la hora de demostrar su afecto. Se muestran muy serviciales con la persona amada y disfrutan al poder ayudarla, aconsejarla y resolverle los problemas de tipo práctico.

La convivencia cotidiana resultará de una gran importancia para las personas con una Luna en Virgo, ya que es en ese terreno en el que con más facilidad pueden demostrar su amor. Desean que su hogar se convierta para su pareja en algo un poco parecido a un laboratorio, un sitio en donde reine la limpieza y en el que cada cosa esté en su lugar correspondiente. Dan mucha importancia a los pequeños detalles y, a veces, su servilismo y su excesiva humildad puede llegar incluso a exasperar a los que la rodean.

A menudo el matrimonio no suele ser muy satisfactorio, pero como las personas con la Luna en este signo tienen una gran capacidad de adaptación, por lo general, acaban sacrificándose y amoldándose a la situación.

Luna en Libra

Las personas con la Luna en Libra sienten una enorme necesidad de agradar a los demás y causarles una buena impresión. Poco amigas de la soledad, se sienten inclinadas, ya desde muy jóvenes, a iniciar una vida de pareja.

Muy diplomáticas y excelentes mediadoras, son, sin embargo, algo elitistas a la hora de emprender una nueva relación. De carácter dulce y afectuoso en el exterior, en el fondo suelen ser algo volubles y caprichosas. Su mayor defecto suele ser la inconstancia. Su inestabilidad e indecisión, así como su constante búsqueda de un ideal de perfección, las incita a menudo a establecer múltiples comparaciones, y ello las obliga a mantener más de una relación al mismo tiempo. Pueden ser un tanto susceptibles y dejarse influenciar por las apariencias (la manera de vestir, las marcas, la moda, etcétera) en sus asuntos de corazón.

Luna en Escorpio

En el terreno amoroso, una Luna en Escorpio transforma a la persona en alguien sumamente apasionado e impulsivo. Muy exclusivistas con la persona amada, se dejan a menudo dominar por los celos, aunque éstos sean infundados.

Estas personas parecen estar hechas de una sola pieza y, quizá por ello, no toleran ni el engaño ni las falsedades, y les resulta muy difícil perdonar los fallos o errores que pueda cometer su pareja. Resultan muy exigentes, pues creen que pueden recibir en la misma medida que dan.

Las personas con la Luna en este signo lo quieren todo o nada y, por ello, a la hora de entablar una relación amorosa, son como verdaderos «bulldozers». Al sentirse ya desde muy jóvenes atraídas por el sexo opuesto, viven sus emociones con una intensidad fuera de lo común, y su vida sentimental suele estar siempre salpicada de emociones. El sexo es un tema que siempre les ha interesado, y que pesará mucho en su vida sentimental. El matrimonio, por lo general, no se presenta muy feliz, ya que suele ser algo conflictivo y, desde luego, poco tranquilo.

Luna en Sagitario

Las personas con la Luna en Sagitario no pueden soportar sentirse atadas o faltas de libertad y, por ello, no es de extrañar que suelan evitar las relaciones de pareja. Extremadamente cálidas y amistosas, acostumbran a ser muy populares y queridas entre la gente que las rodea. Sin embargo, son unas personas muy inquietas, con unas inusitadas ansias de aventura, y suelen mostrarse algo reacias a la hora de entablar una relación amorosa si temen que ésta va a atarlas. Para ellas, atarse definitivamente a alguien conllevaría una serie de responsabilidades y obligaciones que, con dificultad, estarían dispuestas a asumir. Si por fin se decidieran a establecer una relación de pareja, sería con alguien que supiera respetar su independencia y fuera capaz de motivarlos constantemente, evitándoles así caer en una relación rutinaria, ya que esto una Luna en Sagitario no podría soportarlo.

Estas personas son muy imprudentes e irresponsables en sus relaciones amorosas, y la mayoría de las veces suelen hacer promesas que nunca llegarán a cumplir. De todas formas, resulta extremadamente difícil no sucumbir a su encanto, pues irradian simpatía y optimismo; además están del todo convencidas de que nada de lo que hacen conlleva una mala intención.

Luna en Capricornio

En el terreno amoroso y, al igual que los demás signos de Tierra, las personas con la Luna en Capricornio son sumamente prudentes y reservadas. Les resulta muy difícil manifestar sus sentimientos y, por ello, a menudo demuestran su amor a un nivel material, expresando con regalos o ayudas todo aquello que les costaría expresar con palabras. En el fondo ansían el amor, desean amar y ser correspondidas, ya que aunque no lo manifiesten, su necesidad de afecto es ilimitada. Es como si tuvieran mucha sed pero estuvieran en el desierto. Estas personas, que nunca se toman los sentimientos a la ligera y los viven con el rigor más absoluto, no pueden comprender ni aceptar los comportamientos frívolos de aquellos que juegan con los sentimientos.

Muy exclusivistas y posesivas con su pareja, a menudo, y para lograr así vencer su propia inseguridad afectiva y emocional, suelen exigirle unas grandes muestras de afecto. La fidelidad es para ellas algo primordial, y no podrían soportar sentirse relegadas a un segundo plano.

Las personas con la Luna en Capricornio son poco dadas a las aventuras y a los devaneos amorosos, ya que, por una parte, suelen desdeñar todo lo que encierra alguna nota de frivolidad, y, por otra, les causaría una sensación de inseguridad difícil de soportar.

Su carácter taciturno y retraído, así como su aparente frialdad, les darán pocas satisfacciones en el terreno amoroso, lo que les predispone a menudo a vivir durante largos períodos de tiempo en completa soledad.

Luna en Acuario

Las personas con una Luna en Acuario suelen basar su existencia en un ideal de libertad e independencia y, al igual que los otros signos de aire, en una relación exigen algo más que afecto. Su pareja ideal será aquella que sepa estimularlas mentalmente y compartir con ellas sus ideales e inquietudes.

En el terreno amoroso son muy poco convencionales, odian la rutina y rechazan categóricamente los papeles tradicionales. Este original comportamiento les da una imagen algo excéntrica, lo que suele crearles a menudo problemas ante la gente de ideas más conservadoras, que no consiguen ver con buenos ojos este exceso de liberalidad.

Estas personas no pueden soportar una relación cerrada, ya que ello les produciría una inevitable sensación de ahogo. Necesitan moverse con absoluta independencia, tanto dentro como fuera del hogar.

A menudo anteponen una relación de grupo a una más individualizada, y para que la convivencia se desarrolle en una perfecta armonía, su pareja deberá acostumbrarse a dejar los celos a un lado, ya que compartir la vida con alguien que tenga la Luna en Acuario significa compartirla también con sus múltiples amigos, y ello no siempre es fácil.

Personas muy francas y poco convencionales, consideran el matrimonio como un puro trámite, pues se niegan a aceptar formulismos de ninguna clase. Si por casualidad llegaran a casarse, transformarían esta unión en algo mucho más original, igualitario e independiente que la mayoría de la gente.

Luna en Piscis

En el terreno del amor, las personas con la Luna en Piscis son extremadamente románticas y sentimentales. Necesitan dar rienda suelta a su ilimitada capacidad amorosa y, por ello, tienden a enamorarse platónicamente o de varias personas a la vez. Suelen mitificar a los que aman, pues como son personas sumamente fantasiosas, suelen disfrutar imaginándose historias y haciéndose un sinfín de cábalas. Por ello, cuando por fin llega el momento de la realidad y consiguen entablar una relación amorosa, a menudo se sienten decepcionadas y pierden todo interés.

En el amor, las personas con la Luna en Piscis son mucho más idealistas que prácticas. Al alcanzar unos límites de romanticismo fuera de lo común, necesitan sentirse envueltas constantemente por un extraño halo de misterio y fantasía. Les gusta ser seducidas, y caen con facilidad en la fascinación a causa de su gran impresionabilidad.

Necesitan sentirse amadas y protegidas, por lo que su pareja ideal será aquella que, además de lograr hacerles bajar un poco a tierra, sepa también comprender sus sentimientos. Del mismo modo, sería asimismo interesante que supiesen guardar siempre una nota de dificultad o de misterio, para que así, la persona con la Luna en Piscis, pudiera seguir alimentando su imaginación y su fascinación.

Las personas con la Luna situada en un signo de los llamados dobles o mutables (Géminis, Virgo, Sagitario y Piscis) a menudo suelen contraer más de un matrimonio.

LA LUNA Y LA SALUD

Dentro de la amplitud de un arte o una ciencia como la astrología, un apartado digno de ser destacado es el concerniente a la salud. A esta parte de la astrología que se dedica a interpretar la influencia de los astros sobre nuestro organismo se la denomina astrología médica.

Desde el punto de vista de la salud, tendremos que examinar con igual cuidado tanto la posición del Sol y del ascendente como la de las Casas VI y XII que, junto con la Luna, serán los factores claves y nos resultarán de suma importancia para poder llevar a cabo la interpretación del tema.

Aunque este manual está dedicado exclusivamente a la Luna, intentaré resumir el papel que juegan los demás factores en otras palabras, igualmente imprescindibles, a la hora de examinar la salud, sobre todo si guardan algún tipo de relación con la Luna.

ASCENDENTE: Rige nuestra constitución y resistencia física. Es el reflejo de la salud que hemos heredado de nuestros padres (o antepasados).

SOL: Rige el órgano más importante de nuestro cuerpo, el corazón. Es responsable también del funcionamiento de las arterias, de la columna vertebral, de nuestra vitalidad y de la vista (ojo derecho en el hombre e izquierdo en la mujer).

CASA VI: Sector que, desde el punto de vista de la salud, rige las enfermedades de corta duración y poco graves o peligrosas. Es responsable también de cualquier tipo de trastorno, así como de la evolución de las enfermedades.

CASA XII: Dentro de este apartado, esta casa es la responsable de las enfermedades largas y penosas (crónicas) o de origen psicosomático; guarda también una estrecha relación con todo proceso quirúrgico o de hospitalización.

Hay que tener en cuenta que, en el momento de la interpretación, el ascendente resultará igualmente valioso para los dos sexos; sin embargo, la posición lunar influirá mucho más en un tema femenino, y la solar en uno masculino.

Aclarado ya el papel de estos factores, examinaremos ahora la función que desempeña la Luna y su estrecha vinculación con la salud. Con respecto al cuerpo humano, la Luna rige el estómago, los intestinos, la vista (ojo derecho en la mujer e izquierdo en el hombre), el sistema linfático, los tejidos adiposos (grasas), los fluidos y líquidos de nuestro cuerpo (excepto la sangre), el gran simpático (o conjunto de nervios que rigen las funciones orgánicas ajenas a nuestra voluntad), el cerebro (en su parte pasiva), el sexo interno (útero, matriz) y, junto con Venus, las mamas y los ovarios.

Fisiológicamente, la Luna se relaciona con las funciones naturales y subconscientes de nuestro organismo, regula el proceso digestivo y de eliminación, así como los fluidos y las secreciones glandulares.

Cuando la Luna se encuentra mal situada o aspectada en un tema, suele ser origen de una serie de enfermedades causadas por una acumulación excesiva de líquidos en el organismo, y símbolo de una salud desigual.

Las funciones de asimilación, digestivas y de eliminación pueden tornarse defectuosas y acarrear cierta pereza intestinal. Al ser la Luna un planeta húmedo, también sería interesante protegerse contra las enfermedades causadas por el frío y la humedad, ya que éstas suelen ser frecuentes.

La íntima relación que existe entre la Luna y la salud de la mujer hace que este planeta incida de forma mucho más palpable en un tema femenino que en uno masculino. De hecho, la Luna corresponde a las mamas, el útero y los ovarios, y rige, además, las funciones naturales de eliminación y, por tanto la menstruación, cuya periodicidad (de no existir desarreglos) es, al igual que el ciclo lunar, de veintiocho días. Recordemos que la palabra *mens* quería decir, en latín, «mes» y «luna».

También está profundamente ligada al proceso de la gestación y del parto. Un hecho muy curioso pero verídico es la enorme influencia de las fases lunares sobre el recién nacido, dado que si el parto tiene lugar con luna creciente, la salud del niño será mucho más fuerte que cuando éste tiene lugar en cuarto menguante, ya que entonces es posible que tenga una salud débil y enfermiza.

Del mismo modo que el lado consciente de nuestra personalidad está representado por el Sol, el inconsciente está simbolizado por la Luna. Ésta rige la imaginación y la memoria y, al estar estrechamente vinculada a nuestros sueños, es el claro reflejo de nuestro «Yo» más profundo, nuestro «Yo» interior.

Si la Luna recibe malos aspectos (en particular por parte de Neptuno), puede llegar a ocasionar desórdenes de tipo psíquico importantes: replegamiento en uno mismo, regresión al pasado, neurosis, histerias, psicopatías, etcétera. Aunque, por lo general, su influencia suele repercutir ocasionando continuos cambios de humor; por ello, las personas con una Luna potente en el tema son muy lunáticas.

Por lo demás, la Luna es la que, de forma más fiel, nos refleja todo lo que conlleve un proceso de mutabilidad y de cambio. Es el planeta de lo cotidiano, de lo movible y transitorio, y ello, sin duda alguna, explica que las enfermedades que derivan de su influencia guarden, por lo general, un carácter pasajero.

CONOCER LA SALUD
A TRAVÉS DE LA LUNA

Teniendo en cuenta el signo que ocupaba la Luna en el momento del nacimiento y su posición con respecto a la de los demás planetas, es posible llegar a conocer el importante papel que ésta desempeña con respecto a la salud.

Efectos patológicos de la Luna a través de los signos

LUNA EN ARIES: por lo general, la salud de las personas con una Luna en Aries suele ser bastante resistente pero algo desigual. Este exceso de actividad al que son tan aficionadas puede llegar a agotarlas y, en cierta forma, comportar un debilitamiento prematuro.

Típico de una Luna en Aries es padecer fuertes dolores de cabeza, jaquecas, migrañas y tener problemas en la vista. En caso de accidente, la parte más afectada sería siempre la cabeza.

La tendencia al insomnio es bastante frecuente y, aunque no siempre, la Luna en este signo suele indicar cierto desarreglo hormonal.

LUNA EN TAURO: con esta posición lunar, la salud es bastante robusta, pero con cierta tendencia a la obesidad. La parte más débil del cuerpo es la garganta, ya qué se está predispuesto a un cansancio de las cuerdas vocales y a las afonías.

A menudo, los problemas que afectan a la garganta suelen ser causados por un mal funcionamiento glandular.

Con esta posición es frecuente tener tortícolis.

LUNA EN GÉMINIS: la parte más débil del organismo son los pulmones. Con esta posición lunar, el aparato respiratorio es algo delicado y se tiene una clara tendencia a padecer trastornos relacionados con él, tales como bronquitis, catarros, pulmonías e incluso ataques de asma.

Sobre todo durante la infancia, se suelen tener ciertas dificultades al hablar o tartamudez.

Un exceso de trabajo intelectual o simplemente querer hacer demasiadas cosas al mismo tiempo podría ocasionar también ciertos desarreglos en el sistema nervioso.

LUNA EN CÁNCER: la salud es equilibrada; sin embargo, se es muy propenso a los trastornos de tipo digestivo. La parte del cuerpo que más cuidados necesita es el estómago.

Con esta posición lunar se tiene tendencia a la obesidad y a la celulitis, ya que se es muy propenso a cometer excesos tanto en la bebida como en las comidas, sobre todo si se trata de dulces o golosinas.

La falta de ejercicio es bastante característica entre las personas que poseen la Luna en Cáncer, lo que conlleva irremediablemente una acumulación de líquidos y grasas que, con la práctica de algún deporte, podrían, si no evitar, al menos llegar a reducir esta condición.

Las enfermedades más comunes son las relacionadas con el aparato digestivo: dolores de estómago, digestiones pesadas, etcétera.

Es muy posible que, durante la infancia o la juventud, se hayan tenido problemas glandulares (ganglios, bocio, etcétera).

Por supuesto, esta posición lunar se hará mucho más patente en un tema femenino que en uno masculino, ya que si la Luna se halla mal aspectada puede llegar a causar algunos trastornos ováricos, mientras que, bien aspectada, suele otorgar un alto grado de fertilidad y fecundidad.

LUNA EN LEO: por lo general, una Luna en Leo es un claro indicio de buena salud, ya que la facilidad de recuperación es extraordinaria. El órgano más afectado del cuerpo es el corazón, y existe una clara predisposición a tener palpitaciones, convulsiones o cualquier tipo de desarreglo cardíaco.

La circulación de la sangre es también bastante defectuosa y existe una clara propensión a las intoxicaciones.

Existe la posibilidad de tener problemas en la columna vertebral que normalmente acarrearán dolores de espalda.

Esta posición lunar a menudo ocasiona también ciertos trastornos en la vista, pues los ojos, junto con el corazón, son la parte más débil del organismo.

LUNA EN VIRGO: la parte más expuesta del organismo son los intestinos y el hígado, y la tendencia a padecer tumores intestinales o desarreglos relacionados con estos órganos es bastante elevada.

Una Luna en Virgo corresponde a personas muy minuciosas a la hora de preocuparse por la salud, personas que suelen dedicar un especial interés a seguir una dieta adecuada, sana y equilibrada. Estas personas, por lo general, son tan minuciosas y maniáticas que a menudo suelen contraer enfermedades «imaginarias».

Durante la infancia, la salud no suele ser muy buena.

LUNA EN LIBRA: la vesícula y, sobre todo, los riñones son las partes más afectadas de todo el organismo y, por consiguiente, es muy posible que existan dificultades de eliminación: uremia, piedras en los riñones, etcétera. El funcionamiento de los riñones es bastante irregular y resultaría sumamente interesante dedicar una especial atención a este órgano.

Aunque no siempre, existe también una clara tendencia a padecer diabetes y, si la Luna está muy mal aspectada, suele ser frecuente un desequilibrio hormonal.

Hay que tener en cuenta que esta posición lunar, dado el carácter femenino de Libra, se hace sentir mucho más en un tema femenino.

LUNA EN ESCORPIO: la salud es fuerte, y existe, incluso en los casos de enfermedad más graves, una enorme capacidad de recuperación.

Las personas con esta posición lunar en su tema suelen tener una gran capacidad de aguante para el dolor. Su poder de regeneración en caso de golpes, caídas, heridas, etcétera, es inmensa, ya que el proceso de cicatrización suele ser muy rápido.

Los trastornos más comunes son los genitourinarios. Cuando se trata de un tema femenino, las menstruaciones suelen ser irregulares y abundantes, y si la Luna está mal aspectada, dolorosas, pudiendo además existir posibles complicaciones en el parto. Si está bien aspectada, es un claro indicio de fertilidad.

LUNA EN SAGITARIO: la vitalidad es muy grande pero, debido a su amor por las buenas viandas, existe (aunque no siempre) una clara predisposición a engordar.

Con una Luna en Sagitario, las partes más afectadas de todo el organismo serán el hígado, los intestinos y la vesícula biliar.

Ya en edad avanzada, quienes tienen esta posición suelen ser propensos a los ataques de gota y ciática. Los problemas en la sangre son bastante posibles, ya que no se está exento de sufrir algún trastorno de este tipo.

Por acción refleja del signo opuesto, suelen existir algunas alteraciones en el aparato respiratorio; sin embargo, no suelen ser muy graves.

LUNA EN CAPRICORNIO: aunque a primera vista la salud es bastante débil, normalmente suele ser más resistente de lo que parece.

Toda la etapa relacionada con la infancia y el crecimiento resulta dura, ya que suele existir durante esa época una clara tendencia a padecer todo tipo de enfermedades.

Con esta posición lunar, las partes más afectadas del cuerpo son los huesos y la piel. Existe una especial predisposición a padecer reumatismo en las articulaciones y una clara tendencia a las fracturas. Las alergias, los eczemas y los problemas cutáneos en general suelen ser frecuentes y, normalmente, los trastornos gástricos (acción refleja del signo opuesto) suelen repercutir en la piel.

LUNA EN ACUARIO: con esta posición lunar existe una marcada tendencia a tener palpitaciones, inflamaciones en las venas (flebitis), varices e hinchazón en las piernas. Las personas con una Luna en Acuario suelen tener calambres y espasmos de tipo nervioso. También, y por acción refleja del signo opuesto, es frecuente que sufran del corazón.

LUNA EN PISCIS: la salud suele ser algo débil y, quizás, la parte más frágil del cuerpo sean los pies. Debido al amor por la buena mesa y a la falta de ejercicio, la acumulación de grasas y de líquido es bastante frecuente entre las personas con una Luna en Piscis; todo ello conlleva indudablemente un funcionamiento defectuoso del hígado y de los intestinos y, en algunos casos, es fácil padecer gota.

Con esta posición lunar es bastante frecuente abusar del tabaco y del alcohol, lo que suele repercutir, sin duda alguna, de forma totalmente nefasta sobre la salud, bastante débil de por sí. Existen riesgos de padecer alguna enfermedad crónica o de origen psicosomático.

ASPECTOS DE LA LUNA
CON LOS DEMÁS PLANETAS

Luna conjunta al Sol: si analizamos la salud, resultará imprescindible tener en cuenta tanto el signo como el sector en el que tenga lugar esta conjunción, pues nos indicará qué órgano o parte del cuerpo están afectados. De todas formas, ésta será buena siempre y cuando la Luna (y por tanto el Sol) estén armónicamente aspectados con los demás planetas.

Luna en buen aspecto con el Sol: con respecto a la salud, éste es un excelente aspecto, ya que, por lo general, otorga una gran vitalidad y resistencia física, así como un buen equilibrio psicosomático. Las funciones relacionadas con el aparato digestivo y de nutrición están sumamente fortalecidas.

Luna en mal aspecto con el Sol: no suele indicar una buena salud y, al ser ésta bastante desigual, acostumbra a sufrir constantes altibajos. Normalmente suele ocasionar trastornos visuales, y tampoco cabe descartar la posibilidad de padecer ciertos problemas de origen digestivo o de orden psicológico. A menudo, estos problemas se deben a desavenencias entre los padres.

Luna conjunta a Mercurio: esta conjunción favorece en gran medida el funcionamiento del sistema nervioso. La persona suele tener unas costumbres sanas y regulares, y posee una gran habilidad manual.

Luna bien aspectada con Mercurio: favorece también al sistema nervioso, y ello permite tener una gran capacidad de reflejos.

Luna mal aspectada con Mercurio: con este aspecto, la persona tiene tendencia a preocuparse y a inquietarse inútilmente, lo que repercute de forma nefasta en su sistema nervioso que, ya de por sí, no suele ser muy resistente.

Luna conjunta a Venus: este aspecto favorece la circulación sanguínea y facilita las digestiones. En un tema femenino, es excelente para el funcionamiento de los ovarios. Si esta conjunción se da en Escorpio y recibe malos aspectos, ocurre lo contrario.

Luna en buen aspecto con Venus: suele indicar una excelente salud y, al igual que la conjunción, favorece el funcionamiento de los ovarios protegiendo todo el proceso de gestación y el parto.

Luna en mal aspecto con Venus: la circulación sanguínea suele ser defectuosa. Se acostumbra a padecer digestiones pesadas que causan una inevitable pesadez de estómago. En una mujer, el funcionamiento de los ovarios suele ser algo defectuoso.

Luna conjunta a Marte: esta conjunción expone a los golpes y accidentes. A veces se padecen fuertes dolores en el estómago, pesadez o acidez.

Luna bien aspectada con Marte: es señal de una salud robusta y vigorosa. Sin embargo, la persona con este aspecto suele ser bastante impulsiva y estar sometida a un exceso de actividad, que repercutirá, aunque no de una forma grave, en el sistema nervioso.

Luna mal aspectada con Marte: este aspecto, en un tema femenino, inclina a sufrir desarreglos periódicos tales como dolores y pérdidas menstruales, causando a menudo algunos problemas a la hora de dar a luz.

En general, habría que evitar un trabajo excesivo, ya que éste podría ser el principal causante del mal funcionamiento del sistema nervioso. Con este aspecto, a menudo se suelen tener náuseas de tipo bilioso.

Luna en conjunción a Júpiter: las personas con esta conjunción son extremadamente optimistas y tienen grandes ganas de vivir. Todo ello repercute de forma favorable en su salud que, ya de por sí, es bastante buena. La Luna conjunta a Júpiter facilita el proceso de la digestión.

Luna en buen aspecto con Júpiter: este aspecto otorga una facilidad especial de recuperación en caso de enfermedad. Buen funcionamiento de todo lo relacionado con el aparato digestivo.

Luna en mal aspecto con Júpiter: con este aspecto se está predispuesto a sufrir trastornos de tipo digestivo. El funcionamiento del hígado es irregular, por lo que podrían existir deficiencias de origen hepático. La persona tiene tendencia a cometer muchos excesos y abusos que repercuten de forma nefasta sobre su salud.

Luna en conjunción a Saturno: la salud suele ser bastante inestable y es probable que se tengan problemas de huesos. Se está muy predispuesto a las caídas y a las fracturas.

El proceso de nutrición suele ser algo deficiente y defectuoso, lo que, por lo general, acarrea trastornos digestivos y dolores de estómago.

Luna bien aspectada con Saturno: este aspecto otorga, sobre todo, un gran poder de recuperación en caso de enfermedad o de accidente.

Luna mal aspectada con Saturno: las personas con este aspecto en su tema son bastante pesimistas, lo que les afecta directamente y de forma nefasta en su salud, transformándolas en hipocondríacas. Suelen existir deficiencias tanto en las digestiones como en la eliminación, así como la posibilidad de padecer anemia. Este aspecto es mucho más negativo en un tema femenino, ya que, a menudo, suele ser indicio de esterilidad.

Luna conjunta a Urano: la persona con esta conjunción está predispuesta a los accidentes de todo tipo debido a una tendencia natural a cometer toda clase de imprudencias y a arriesgarse inútilmente. Deberá tener un gran cuidado con todo lo que guarde relación con la electricidad.

Luna en buen aspecto con Urano: en caso de enfermedad, esta posición favorece la curación por métodos que conlleven, de alguna forma, algún tipo de novedad: tratamientos por medios magnéticos, eléctricos, acupuntura, etcétera.

Luna en mal aspecto con Urano: causa una gran inestabilidad nerviosa que puede llegar a ocasionar calambres, espasmos, etcétera, incluso, en algunos casos, puede ser indicio de crisis nerviosas. Frecuentes son también las irregularidades en las funciones naturales del organismo, y a menudo se tienen calambres en el estómago.

Luna conjunta a Neptuno: con esta conjunción, el sujeto verá beneficiada su salud por medio de tratamientos que, de algún modo, guarden relación con el elemento líquido: baños, curas termales, etcétera.

Luna bien aspectada con Neptuno: aspecto parecido al de la conjunción, ya que, al igual que ésta, los tratamientos por agua resultarán sumamente beneficiosos, causando un excelente efecto sobre la salud del sujeto.

Luna mal aspectada con Neptuno: es indicio de una salud débil e inestable. La persona con este aspecto en su tema tiene tendencia a dejarse arrastrar por vicios tales como el alcohol y el tabaco, que repercuten de una forma totalmente nefasta sobre su salud.

Luna conjunta a Plutón: el organismo es fuerte y se posee una gran resistencia física. Sin embargo, esta conjunción es índice de fertilidad (siempre y cuando no se dé en Virgo).

Luna bien aspectada con Plutón: la persona con este aspecto posee una facultad de recuperación fuera de lo común, sobre todo en caso de accidente. Suele ser indicio de una gran fecundidad en un tema femenino.

Luna mal aspectada con Plutón: este aspecto hace que la persona tenga predisposición especial a la formación de tumores.

ALGUNOS TEMAS DE EJEMPLO

NATIVIDAD FEMENINA

En el capítulo dedicado a la salud, pudimos comprobar la enorme influencia que sobre ésta ejerce la Luna. Como tema ilustrativo, he elegido el de una mujer Libra con una Luna en Aries bastante conflictiva, ya que además de establecerse la oposición natural entre estos dos signos y los planetas que los ocupan, la Luna recibe también una cuadratura por parte de Urano.

La nativa es ascendente Aries y, como este signo dentro del cuerpo humano corresponde a la cabeza y a la cara, éstas resultarán, sin duda, unas de sus partes más afectadas. Seguramente tendrá una tendencia muy marcada a sufrir dolores de cabeza, migrañas y jaquecas. Los ojos también deberán ser dignos de especial cuidado, ya que podrían verse aquejados con frecuencia por infecciones o molestias en general.

Extremadamente activa y emprendedora, esta mujer estará siempre llena de energía, de vitalidad y de iniciativa. Sin embargo, esta Luna tan mal aspectada podría transformar su valor en temeridad y su impulsividad en imprudencia, haciendo que resulte muy proclive a los accidentes (en particular en la cabeza).

A menudo, y debido a este exceso de actividad, la nativa padecerá de insomnio, pudiendo llegar a tener incluso pesadillas. Sus mejores medicinas serían la calma y la tranquilidad, pero éstas son dos características realmente difíciles de encontrar en una persona con la Luna y el ascendente en Aries.

La Luna situada en Casa I es una posición bastante favorable en el tema de una mujer, pero, por lógica, resultará mucho más sensible a los tránsitos y a las fases lunares. La oposición más importante que recibe la Luna es la del Sol; ésta podría traducirse principalmente por cierta inestabilidad en las funciones del organismo y por una salud bastante desigual.

Mercurio, también opuesto a la Luna, hará que este exceso de actividad de la nativa (ascendente y Luna en Aries) se convierta en una actividad nerviosa y algo difusa. Tendrá tendencia a empezar mil cosas a la vez, sin acabar ninguna, y a estar ocupada siempre en algo.

Saturno, también en oposición con la Luna, afectará más que nada al aparato digestivo, causándole más de un problema de asimilación o de eliminación. La pesadez de estómago, debida a digestiones lentas o pesadas (Saturno), serán también frecuentes. Al gobernar Saturno los huesos, las caídas y las fracturas no serán de extrañar.

La última oposición que recibe la Luna es la de Neptuno. Este aspecto hará que la nativa se deje influenciar fácilmente por los placeres, sea muy dada a las evasiones y descuide algo su salud.

La única cuadratura que recibe este planeta es por parte de Urano, que acrecentará su exceso de energía y hará que tenga siempre los nervios a flor de piel. La inestabilidad e irregularidad en las funciones naturales, ya bastante notables de por sí debido a la oposición Luna/Sol, con la cuadratura de Urano se hará mucho más patente.

Y, finalmente, no sería de extrañar que tuviera cierta propensión a sufrir calambres (Urano), sobre todo en el estómago (Luna), ya que con esta posición suelen ser frecuentes.

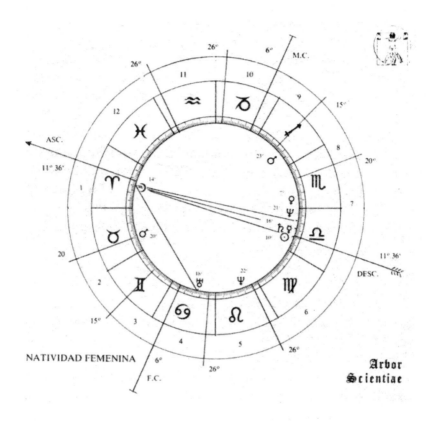

NATIVIDAD FEMENINA

Arbor
Scientiae

EDGAR ALLAN POE

Podríamos calificar a Edgar Allan Poe como una de las figuras más complejas y atormentadas de toda la literatura. Poe nació en Boston en el año 1809, y sus padres, cómicos de oficio, hicieron que su infancia transcurriese de teatro en teatro y llegara a convertirse en un auténtico peregrinaje. Poe tenía la Luna situada en el signo de Piscis, y ello, sin duda alguna, llegaría a marcarle profundamente.

Extremadamente imaginativo, hipersensible y soñador, reflejaría esta posición lunar en la mayoría de sus obras. El escritor otorgaba a los sueños una atención especial, ya que, para él, su importancia era vital, y estaba plenamente convencido de que sólo a través de ellos podría alcanzar una visión distinta y más amplia de la realidad. De hecho, la mayoría de sus inspiraciones le venían durmiendo o en estados cercanos al sueño (letargos, alucinaciones, somnolencias, embriaguez, etcétera). De todas formas y a pesar de la fuerte influencia pisciana, Poe era, sin embargo, un crítico y un humorista mordaz. La lógica, la exactitud científica y el poder de raciocinio siempre lo habían acompañado (Sol-Mercurio en Capricornio; Saturno en el ascendente).

Edgar Allan Poe poseía una intensa sensibilidad, aunque algo enfermiza. Sus miedos, sus obsesiones, sus temores infundados y su aprensión son típicos de esta posición lunar. Si a todo ello le sumamos, además, una fuerte connotación capricorniana y un ascendente Escorpio, podremos llegar a comprender el extraño placer que éste experimentaba al recrearse con situaciones de lo más macabras, misteriosas, fantasmagóricas y sobrenaturales, y al reflejarlas en la mayoría de sus obras.

En el ámbito amoroso, Poe fue siempre un romántico incurable. Esta Luna en Piscis, conjunta, además, a Júpiter y a Venus, influyeron en él de forma aplastante. Poe buscaba a su madre en todas las mujeres, y por ello sentía una atracción especial hacia todas aquellas pálidas muchachas que, por su delicada y enfermiza naturaleza, estaban predestinadas a morir jóvenes. De hecho, su madre murió cuando él contaba muy pocos años de edad, y esta madre que tanto le faltó y a la que tanto idealizó motivó al escritor a seguir buscando entre todas las mujeres el vivo reflejo de su madre (Luna en Piscis y en la Casa IV). Él las amó a todas de forma apasionada, casi desesperada, y en más de una ocasión fueron un material importante para sus escritos, ya que alguna de ellas pasaría a convertirse en la heroína de sus cuentos.

Edgar Allan Poe perdió a su esposa cuando ésta todavía era joven. Sufrió mucho con su muerte, y se inspiró en su recuerdo para escribir uno de sus mejores poemas.

Las relaciones poco afortunadas y algo tormentosas con el sexo femenino, la irremediable pérdida de quienes amaba y los continuos reveses amorosos se convertirían en el sino de su vida. Sin embargo, él nunca perdió la esperanza y siguió siempre enamorándose con más fuerza y pasión que nunca. Podríamos considerarlo, sin duda alguna, el eterno enamorado.

Como se ha dicho, Poe tenía la Luna conjunta a Júpiter, lo cual le permitía exaltar y vivir con un inusitado platonismo estas relaciones (Luna conjunta, además, a Venus y cuadrada a Neptuno).

Esta fiebre por realizar algo y trabajar de forma apasionada para conseguirlo son típicas de este aspecto. Debemos tener en cuenta, si queremos ahondar un poco más en su personalidad, que Poe vivía bajo el influjo de una fuerte connotación capricorniana, por lo que la jovialidad y el optimismo se verían notablemente reducidos, y las etapas de tristeza y melancolía, así como la tendencia a las depresiones, serían una constante a lo largo de su vida.

La conjunción con Venus intensificó su sensibilidad, obligándole a concentrar la mayor parte de su interés en el terreno amoroso. La tendencia a los placeres, a la evasión y al gusto por la vida fácil se hace patente, además, por la cuadratura Luna-Neptuno.

Poe rechazó siempre los trabajos sedentarios y aburridos, ya que su vida transcurrió siempre entre sueños y realidades, entre pesadillas y sublimes inspiraciones. Su atormentada personalidad no pudo nunca adaptarse a ningún tipo de trabajo común y vulgar. Un aspecto sumamente importante también con respecto a su carácter es el de la Luna en trígono con Urano. Éste convertiría a Poe en un auténtico bohemio, en un ser independiente y amante de la libertad. Poe rompió con su familia adoptiva para ir en busca de nuevos horizontes y poder así poder vivir su propio destino. Nunca se acostumbró a los convencionalismos ni a la rutina familiar, y la fuerte presión que ejercía su padre sobre él le obligó a partir y a intentar establecerse por su cuenta.

Poe tenía accesos súbitos de entusiasmo y de euforia; su espíritu nervioso e inquieto, su empuje y su férrea voluntad por escribir algo insólito le alentaron siempre a seguir trabajando con cada vez mayor ímpetu. La cuadratura Luna-Saturno volvía, sin embargo, a dejarse sentir, y lo empujaba de nuevo a la melancolía, al mal humor, causándole una profunda tristeza y un incontenible deseo de soledad. Poe parecía desear su propia autodestrucción, ya que creía que tanto el dolor como el sufrimiento eran necesarios para su evolución (además de esta cuadratura, él era ascendente Escorpio).

Otra de las características de esta posición lunar fue el gran apego que siempre sintió hacia las drogas y el alcohol. Poe se sentía irremediablemente atraído por el alcohol, bebía tanto en los momentos de euforia y de plena exaltación como en los momentos de depresión y melancolía. Se embriagaba para evadirse de la realidad, para borrar sus temores y recuerdos. Intentó dejar de beber en varias ocasiones, pero siempre fracasaba en el intento, volviendo a sucumbir y a hacerse esclavo de la bebida.

Finalmente, la influencia de la Luna opuesta al Medio Cielo hizo que la mala suerte en el campo profesional no dejara de perseguirle. Después del éxito, del triunfo, situación que animaba considerablemente al escritor, siempre venía alguna desgracia. La extraña y tormentosa personalidad de Edgar Allan Poe, así como todo lo sobrenatural, lo tétrico y morboso de su obra, se verá maravillosamente reflejado en su tema natal.

ASPECTOS DE LA LUNA

Luna Conjunta a Júpiter y a Venus
Luna trígono a Urano
Luna cuadrada a Neptuno y a Saturno
Luna opuesta al Medio Cielo.

EDGAR A. POE

Arbor Scientiae

LA CANTANTE MARINA ROSSELL

Marina Rossell, a pesar de tener una Luna muy poco aspectada (tan sólo recibe un trígono de Saturno), parece, sin embargo, un buen ejemplo a la hora de ilustrar este libro debido a la estrecha vinculación que posee este planeta con las masas, la popularidad y el público en general.

Tiene la Luna en Cáncer, donde, por cierto, está domiciliada, es decir, muy bien situada. Como ésta carece prácticamente de aspectos, todas las características propias de la Luna resultarán mucho más patentes. Es como si al encontrarse exenta de la influencia de los demás planetas, ésta pudiese actuar, por así decirlo, de forma más pura, más libremente y sin interferencias.

Al estar la Luna situada en este signo, Marina Rossell es una persona muy apegada a la familia, a los suyos y a su entorno. Debido a su intensa sensibilidad, otorgará una gran importancia al ambiente que la rodea, ya que es una persona muy receptiva y suele dejarse impresionar fácilmente por las influencias externas. Esta misma sensibilidad será la que haga que simpatice y se conmueva con las penas y alegrías de los demás, y que sepa compartirlas. Resultará innato en ella preocuparse por los demás de forma sincera y sin sentirse obligada a ello. Siempre estará dispuesta a escuchar los problemas de quienes la rodean y a echarles una mano, si fuese necesario.

En este signo, la Luna hará que se sienta sumamente atraída por todo lo que guarde un lazo de unión con tiempos pasados y, sin duda, de allí derivará probablemente su gran afición por el folclore y las tradiciones populares, algo que se hace patente en más de una de sus canciones, que, sin embargo, Marina modernizará, retocará y variará, personalizándolas y dándoles un toque de originalidad (no olvidemos que también tiene a Urano en Cáncer).

Las personas con la Luna en este signo suelen sentir una gran atracción por el elemento líquido y, de hecho, tanto el mar como muchos de los elementos que guardan una estrecha relación con él suelen ser tema frecuente en las canciones de Marina («La gavina», «Petenera de la mar», entre otras).

Teniendo en cuenta que la posición lunar en el tema (sobre todo cuando se trata de un horóscopo femenino) es de suma importancia y que en Cáncer el flujo y reflujo de la Luna se hace mucho más patente que en cualquier otro signo, no nos resultará extraño comprobar que Marina se sienta sumamente seducida y embrujada por ella y le dedique una de sus canciones más bonitas («Lluna de llana»). Las fases lunares que tanto la influencian serán las causantes de los constantes altibajos de su estado de ánimo y harán que tenga bruscos cambios de humor. En Cáncer, la Luna conlleva una contradicción bastante grande, ya que, por una parte, a Marina le gustará sentirse rodeada de gente, disfrutará con la vida social y con el contacto con su público, pero, por otra parte, se sentirá atraída por la intimidad de su hogar, por sus pequeñas comodidades, por sus recuerdos y por sus cosas.

Como se ha dicho, su Luna se encuentra en trígono con Saturno, hecho que reforzará sus características capricornianas ya bastante notables de por sí por tener Marina tanto al Sol como a Mercurio y a Venus en este signo.

Este aspecto la convertirá, sin duda, en alguien muy serio y responsable, con unas grandes facultades de organización que podrían llegar a convertirla, sin embargo, en una persona en cierto modo autoritaria de cara a los demás.

La intuición lunar (muy acusada en Cáncer) se transformará, gracias a este trígono, en una intuición lógica y sólida, ya que Saturno logrará materializarla y concretarla, otorgándole una especial habilidad para poder expresar sus sentimientos a través de alguna manifestación artística (en su caso, la música y la canción).

Marina Rossell tiene la Luna situada en la Casa VII, lo que la hará muy popular entre los demás, teniendo una acusada tendencia a frecuentar a mucha gente. Buscará constantemente la simpatía y el apoyo de los que la rodean y le resultará prácticamente imposible el concebir la vida como algo individualista y solitario. Sin embargo, de vez en cuando, Marina sentirá una imperiosa necesidad de soledad (Sol, Mercurio y Venus en Capricornio).

Existirá un clima de inestabilidad dentro de sus relaciones sociales, teniendo una marcada tendencia a perder y a recuperar constantemente el apoyo del público. A pesar de esta tendencia y, por suerte para ella, por lo general, Marina es una persona que suele gozar del favor del público, un público sobre todo femenino (Luna). De hecho, sólo tenemos que asistir a uno de sus recitales para poder comprobarlo. En ellos se muestra amistosa, campechana y asequible, y se sabe ganar la simpatía y el cariño de los demás.

Y, por último, en el ámbito afectivo, buscará sus relaciones en una comprensión y en una necesidad de afecto mutuo. Escogerá como pareja a alguien tal vez fuertemente marcado por las características lunares (Luna en la Casa VII), alguien afectuoso, dulce y tierno, capaz de compartir con ella una misma sensibilidad y unas esperanzas paralelas.

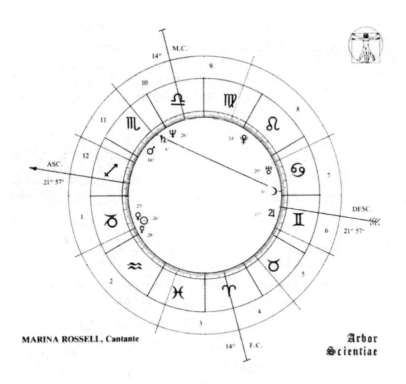

MARINA ROSSELL, Cantante

Arbor
Scientiae

MARCEL PROUST

Como último tema ilustrativo para este manual, he considerado oportuno hablar de alguien típicamente lunar, y creo que Marcel Proust es el personaje idóneo.

Proust nació en París el 10 de julio de 1871 y, ya desde muy niño, sintió una gran vocación como escritor. Nunca fue un buen estudiante y, debido a su precaria salud (sufrió desde pequeño continuos ataques de asma), solía faltar bastante a la escuela. Sus asignaturas predilectas siempre fueron la historia y la literatura (Sol y Mercurio en la Casa IV), ya que le permitían dar rienda suelta a su fértil imaginación y le servían como base para la creación de futuros sueños y fantasías.

Marcel Proust tenía la Luna situada en el signo de Tauro, signo en el que se encuentra en exaltación, ya que allí los valores lunares se hallan muy potenciados. La familia, el hogar, los primeros recuerdos y las primeras sensaciones adquirirán para Proust una vital importancia.

Esta posición lunar otorga mucha memoria, sobre todo a nivel emotivo, que hace que el sujeto sea capaz de almacenar en su interior un sinfín de datos. Por este motivo, Marcel Proust podía retener en su imaginación muchos instantes de su vida, del pasado, momentos que volvían a él de forma inconsciente y otros momentos más insospechados.

Su memoria puede permanecer adormecida, pero cualquier sensación, por vana que parezca, puede llegar a convertirse en el símbolo capaz de despertarla y hacerla traspasar de nuevo el umbral del pasado. El ejemplo de la famosa magdalena habla por sí solo. El hecho de mojarla en el té desencadenó en él una serie de recuerdos y de sensaciones. Para Proust, el pasado era el tesoro oculto que todos llevamos escondido en nuestro interior y al que cualquier pequeño detalle puede hacer resurgir. Si retrocedemos en el tiempo y nos fijamos en el Proust niño, su infancia podría parecernos idéntica a la de cualquier otro; sin embargo, hay que reconocer que ésta fue una etapa decisiva para él y que su influencia se dejará sentir durante toda su vida, reflejándose fielmente en su obra.

Los recuerdos de estos primeros años resultarán de vital importancia para el escritor. Sabrá plasmarlos en su obra como algo alegre, grato y placentero, nunca como algo triste o cotidiano. Se puede decir que la infancia fue una de las partes más felices de su vida y de las más completas (Luna en la Casa I). Todas estas características tan típicamente proustianas son también por completo lunares y, de hecho, en el tema de Marcel Proust existen dos puntos muy significativos; el primero y del que ya hemos hablado, es el de la exaltación de la Luna en Tauro y su posición en la Casa I, y el otro hecho es el del conglomerado de planetas que tiene situados en Cáncer (Sol-Mercurio-Júpiter-Urano), y que, por si fuera poco, están ubicados en la Casa IV, la casa regida por la Luna.

Proust se mostró siempre sumamente ansioso por poder entrar en el gran mundo, ya que adoraba las relaciones sociales, la vida mundana y todo lo que representase algún tipo de placer: viajes, fiestas, bailes, etcétera.

Todo ello vendría determinado en gran medida por su Luna en trígono con Venus y, sobre todo, con el Medio cielo.

El Aspecto que la Luna recibe por parte de Saturno (un trígono también) le hará proclive a sufrir continuas etapas de reflexión, desengaños y soledad. Encontrará un placer inusitado al vivir de noche y dormir de día, permaneciendo así fuera de la vida normal (característica sumamente lunar).

Para Proust, el amor era un sentimiento bello y lleno de tristeza; disfrutaba más torturándose y regocijándose en el recuerdo de amores pasados que en los del propio presente. Todas las damas o joven-citas dulces y los muchachos sensibles, algo afeminados y con alma de artista que conocerá a lo largo de su vida, pasarán indudablemente a reflejarse en sus novelas.

Por una parte, Proust poseía también una curiosidad insaciable que lo arrastraba a frecuentar todos los lugares de moda y a actuar como alguien mundano y, por otra, él sólo vivía para revivir sus experiencias pasadas. Sus sueños y sus ilusiones eran para él algo fundamental. De ahí podría derivar esta ambivalencia tan cance-riana y que siempre marcó al escritor: el límite entre lo vivido y lo imaginado.

Proust se evadía de la realidad disfrazándola, metamorfoseándo-la. Al tomar conciencia de su capacidad como escritor, supo que la literatura le ofrecía la oportunidad de transformar la realidad en al-go más bello y poético. Y, finalmente, cabe decir que ningún título podría acercarse más y reflejar en pocas palabras al signo de Cáncer como lo hace el de su libro *En busca del tiempo perdido*.

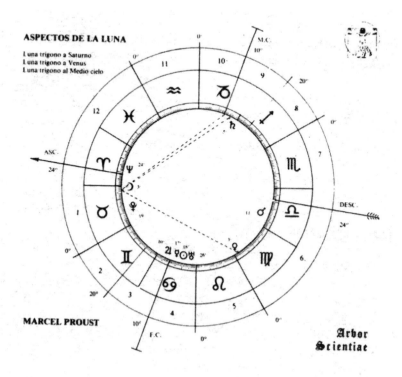

147

CÓMO SITUAR
NUESTRA LUNA NATAL

Para averiguar dónde estaba la Luna en el momento en que nacimos, lo mejor es recurrir a unas efemérides planetarias. Recomendamos por ejemplo, las webs: www.astro.com o astro-seek.com. Si no se tiene acceso a ninguno de estos dos instrumentos, es posible situar aproximadamente la Luna natal por medio de la tabla siguiente. En algunos casos, pocos, cuando está a caballo entre dos signos, estas tablas pueden no ser precisas.

Para averiguar la Luna natal, se debe sumar el día de nacimiento al número que aparece en la tabla en la intersección entre el mes y el año del nacimiento. Por ejemplo, si tenemos una fecha de nacimiento del 14 de abril de 1958, hay que sumar 14 a 11.4 = 25.4 y buscar en la tabla de posiciones lunares dónde se encuentra 25.4 = PISCIS.

Tabla de posiciones lunares

De:	A:		De:	A:	
0.0	2.7	ARIES	32.3	34.6	GÉMINIS
2.7	5.0	TAURO	34.6	36.9	CÁNCER
5.0	7.3	GÉMINIS	36.9	39.2	LEO
7.3	9.6	CÁNCER	39.2	41.2	VIRGO
9.6	11.8	LEO	41.2	43.7	LIBRA
11.8	14.1	VIRGO	43.7	46.0	ESCORPIO
14.1	16.4	LIBRA	46.0	48.3	SAGITARIO
16.4	18.7	ESCORPIO	48.3	50.5	CAPRICORNIO
18.7	20.9	SAGITARIO	50.5	52.8	ACUARIO
20.9	23.2	CAPRICORNIO	52.8	55.1	PISCIS
23.2	25.2	ACUARIO	55.1	57.4	ARIES
25.2	27.8	PISCIS	57.4	59.6	TAURO
27.8	30.0	ARIES	59.6	61.9	GÉMINIS
30.0	32.3	TAURO	61.9	63.0	CÁNCER

año	enero	febrero	marzo	abril	mayo	junio	julio	agosto	sepbre.	octubre	novbre.	dicbre.
1920	2.7	6.4	8.1	11.8	14.4	18.1	20.8	24.5	0.8	3.5	7.2	9.9
1921	13.5	17.2	17.9	21.6	24.3	0.6	3.3	7.0	10.7	13.3	17.0	19.7
1922	23.4	27.0	0.4	4.1	6.8	10.4	13.1	16.8	20.5	23.2	26.8	2.2
1923	5.9	9.5	10.2	13.9	16.6	20.3	22.9	26.6	3.0	5.6	9.3	12.0
1924	15.7	19.4	21.0	24.7	0.1	3.8	6.4	10.1	13.8	16.5	20.1	22.8
1925	26.5	2.9	3.5	7.2	9.9	13.6	16.3	19.9	23.6	26.3	2.6	5.3
1926	9.0	12.7	13.4	17.0	19.7	23.4	26.1	2.4	6.1	8.8	12.5	15.1
1927	18.8	22.5	23.2	26.9	2.2	5.9	8.6	12.2	15.9	18.6	22.3	25.0
1928	1.3	5.0	6.7	10.4	13.0	16.7	19.4	23.1	26.7	2.1	5.8	8.5
1929	12.1	15.8	16.5	20.2	22.9	26.5	1.9	5.	9.2	11.9	15.6	18.3
1930	22.0	25.6	26.3	2.7	5.3	9.0	11.7	15.4	19.1	21.7	25.4	0.8
1931	4.5	8.1	8.8	12.5	15.2	18.8	21.5	25.2	1.6	4.2	7.9	10.6
1932	14.3	18.0	19.6	23.3	26.9	2.3	5.0	8.7	12.4	15.1	18.7	21.4
1933	25.1	1.5	2.1	5.8	8.5	12.2	14.8	18.5	22.2	24.9	1.2	3.9
1934	7.6	11.3	11.9	15.6	18.3	22.0	24.7	1.0	4.7	7.4	11.1	13.7
1935	17.4	21.1	21.8	25.4	0.8	4.5	7.2	10.8	14.5	17.2	20.9	23.6
1936	27.2	3.6	5.3	8.9	11.6	15.3	18.0	21.7	25.3	0.7	4.4	7.1
1937	10.7	14.4	15.1	18.8	21.4	25.1	0.5	4.2	7.8	10.5	14.2	16.9
1938	20.5	24.2	24.9	1.3	3.9	7.6	10.3	14.0	17.7	20.3	24.0	26.7

año	enero	febrero	marzo	abril	mayo	junio	julio	agosto	sepbre.	octubre	novbre.	dicbre.
1939	3.0	6.7	7.4	11.1	13.8	17.4	20.1	23.8	0.2	2.8	6.5	9.2
1940	12.9	16.5	18.2	21.9	24.6	0.9	3.6	7.3	11.0	13.6	17.3	20.0
1941	23.7	0.0	0.7	4.4	7.1	10.8	13.4	17.1	20.8	23.5	27.1	2.5
1942	6.2	9.9	10.5	14.2	16.9	20.6	23.3	26.9	3.3	6.0	9.6	12.3
1943	16.0	19.7	20.4	24.0	26.7	3.1	5.8	9.4	13.1	15.8	19.5	22.1
1944	25.8	2.2	3.9	7.5	10.2	13.9	16.6	20.2	23.9	26.2	3.0	5.6
1945	9.3	13.3	13.7	17.4	20.0	23.7	26.4	2.7	6.4	9.1	12.8	15.5
1946	19.1	22.8	23.5	27.2	2.5	6.2	8.9	12.6	16.2	18.9	22.6	25.3
1947	1.6	5.3	6.0	9.7	12.4	16.0	18.7	22.4	26.1	1.4	5.1	7.8
1948	11.5	15.1	16.8	20.5	23.2	26.8	2.2	5.9	9.6	12.2	15.9	18.6
1949	22.3	26.0	26.6	3.0	5.7	9.3	12.0	15.7	19.4	22.1	25.7	1.1
1950	4.8	8.5	9.1	12.8	15.5	19.2	21.8	25.5	1.9	4.6	8.2	10.9
1951	14.6	18.3	18.9	22.6	25.3	1.7	4.3	8.0	11.7	14.4	18.1	20.7
1952	24.4	0.8	2.4	6.1	8.8	12.5	15.2	18.8	22.5	25.2	1.6	4.2
1953	7.9	11.6	12.3	15.9	18.6	22.3	25.0	1.3	5.0	7.7	11.4	14.1
1954	17.7	21.4	22.1	25.8	1.1	4.8	7.5	11.2	14.8	17.5	21.2	23.9
1955	0.2	3.9	4.6	8.3	10.9	14.6	17.3	21.0	24.7	0.0	3.7	6.4
1956	10.0	13.7	15.4	19.1	21.8	25.4	0.8	4.5	8.2	10.8	14.5	17.2
1957	20.9	24.5	25.2	1.6	4.3	7.9	10.6	14.3	18.0	20.7	24.3	27.0

año	enero	febrero	marzo	abril	mayo	junio	julio	agosto	sepbre.	octubre	novbre.	dicbre.
1958	3.4	7.0	7.7	11.4	14.1	17.8	20.4	24.1	0.5	3.1	6.8	9.5
1959	13.2	16.9	17.5	21.2	23.9	0.3	2.9	6.6	10.3	13.0	16.6	19.3
1960	23.0	26.7	1.0	4.8	7.4	11.1	13.8	17.4	21.1	23.8	0.1	2.8
1961	6.5	10.2	10.9	14.5	17.2	20.9	23.6	27.2	3.6	6.3	10.0	12.6
1962	16.3	20.0	20.7	24.4	27.0	3.4	6.1	9.7	13.4	16.1	19.8	22.5
1963	26.1	2.5	3.2	6.9	9.5	13.2	15.9	10.6	23.2	25.9	2.3	5.0
1964	8.6	12.3	4.0	17.7	20.4	20.4	26.7	3.1	6.7	9.4	13.1	15.8
1965	19.5	23.1	23.8	0.2	2.8	6.5	9.2	12.9	16.6	19.2	22.9	25.6
1966	2.0	5.6	6.3	10.0	12.7	16.3	19.0	22.7	26.4	1.7	5.4	8.1
1967	11.8	15.5	16.1	19.8	22.5	26.2	1.5	5.2	8.9	11.6	15.2	17.9
1968	21.6	25.3	27.0	3.3	6.0	9.7	12.3	16.0	19.7	22.4	26.1	1.4
1969	5.1	8.8	9.4	13.1	15.8	19.5	22.2	25.8	2.2	4.9	8.6	11.2
1970	14.9	18.6	19.3	22.9	25.6	2.0	4.7	8.3	12.0	14.7	18.4	21.1
1971	24.7	1.1	1.8	5.4	8.1	11.8	14.5	18.2	21.8	24.5	0.9	3.5
1972	7.2	10.9	12.6	16.3	18.9	22.6	25.3	1.7	5.3	8.0	11.7	14.4
1973	18.0	21.7	22.4	26.1	1.4	5.1	7.8	11.5	15.2	17.8	21.5	24.2
1974	0.5	4.2	4.9	8.6	11.3	14.9	17.6	21.3	25.0	0.3	4.0	6.7
1975	10.4	14.0	14.7	18.4	21.1	24.8	0.1	3.8	7.5	10.1	13.8	16.5
1976	20.2	23.9	25.2	1.9	4.6	8.3	10.9	14.6	18.3	21.0	24.6	0.0

año	enero	febrero	marzo	abril	mayo	junio	julio	agosto	sepbre.	octubre	novbre.	dicbre.
1977	3.7	7.4	8.0	11.7	14.4	18.1	20.8	24.4	0.8	3.5	7.1	9.8
1978	13.5	17.2	17.9	21.5	24.2	0.6	3.3	6.9	10.6	13.3	17.0	19.6
1979	23.3	27.0	0.4	4.0	6.7	10.4	13.1	16.7	20.4	23.1	26.8	2.1
1980	5.8	9.5	11.2	14.9	7.5	21.2	23.9	0.2	3.9	6.6	10.3	13.0
1981	16.6	20.3	21.0	24.7	0.0	3.7	6.4	10.1	13.7	16.4	20.1	2.8
1982	26.5	2.8	3.5	7.2	9.8	13.5	16.2	19.9	23.6	26.2	2.6	5.3
1983	9.0	12.6	13.3	17.0	19.7	23.3	26.0	2.4	6.1	8.7	12.4	15.1
1984	18.8	22.5	24.1	0.5	3.2	6.8	9.5	13.2	16.9	19.6	23.2	25.9
1985	2.3	6.0	6.6	10.3	13.0	16.7	19.3	23.0	26.7	2.1	5.7	8.4
1986	12.1	15.8	16.4	20.1	22.8	26.5	1.8	5.5	9.2	11.9	15.6	18.3
1987	21.9	25.6	26.3	2.6	5.3	9.0	1.7	15.3	19.0	21.7	25.4	0.7
1988	4.4	8.1	9.8	13.4	16.1	19.8	22.5	26.2	2.5	5.2	8.9	11.6
1989	15.2	18.9	19.6	23.3	25.9	2.3	5.0	8.7	12.3	15.0	18.7	21.4
1990	24.3	1.1	1.7	5.6	8.2	13.1	14.2	18.0	21.4	24.8	1.1	3.8
1991	7.2	10.9	11.7	15.7	17.8	21.7	24.6	27.7	4.9	7.0	10.8	13.1
1992	16.9	20.2	22.2	26.0	0.9	5.4	7.9	11.7	15.4	17.8	21.3	23.9
1993	0.0	4.1	4.3	8.6	10.8	14.8	17.7	21.0	24.8	27.8	3.9	7.3
1994	10.2	14.2	14.9	18.4	21.4	24.8	27.1	3.7	7.1	10.2	14.2	16.3
1995	20.0	23.2	24.8	28.3	3.1	7.5	10.0	13.2	17.3	20.1	23.8	26.3

año	enero	febrero	marzo	abril	mayo	junio	julio	agosto	sepbre.	octubre	novbre.	dicbre.
1996	3.1	5.9	8.1	11.8	13.9	18.0	21.1	24.8	28.4	3.5	7.3	10.2
1997	13.6	17.3	17.8	21.6	24.3	27.9	3.3	7.3	10.1	13.1	16.2	19.9
1998	23.0	27.0	27.9	4.1	6.9	10.1	13.2	16.2	20.6	23.1	27.2	2.6
1999	5.9	9.6	10.1	14.2	16.0	19.2	23.2	26.7	3.1	6.1	9.4	12.2
2000	15.4	17.7	19.9	23.2	25.8	31.0	5.3	9.5	13.1	15.7	19.9	22.2
2001	26.0	2.0	31.1	6.3	9.4	13.7	16.3	19.9	23.5	26.2	29.2	31.9
2002	8.6	12.2	13.1	17.1	19.8	23.2	26.1	29.8	32.8	8.9	11.9	15
2003	18.9	22.3	22.9	26.7	29.4	5.9	7.9	11.4	16.9	19.00	22.3	25.00
2004	28.3	4.7	6.3	9.7	12.2	16.8	19.00	22.6	26.8	29.4	5.3	8.8
2005	13.3	16.5	20	20	22.6	26.5	29	5.3	8.9	11.8	15.2	18.3
2006	21.2	25.8	26.6	30.3	5.3	9	11	14.7	18.3	22.1	24.8	28
2007	31.3	7.6	8.9	12.8	14.7	18.9	21.2	25.2	28.9	32	8.1	10.8
2008	14.6	17.8	19.1	23.3	25.5	30	32.5	8.8	12.2	15.1	18.3	21.3
2009	24.7	28.3	29.2	5.6	7.8	39.2	15	18.2	22.2	24.2	28	31.2
2010	7.7	11.6	11.2	15.5	18.3	21.2	24.8	27.4	32.3	7.7	11.2	13.7
2011	16.8	21.3	21.2	25.5	27.5	31.8	6.6	10.9	14.5	17.3	20.3	21.7
2012	27.2	31.3	30	8.7	11.8	16.5	18	22.7	25.4	25.4	27.8	31.4
2013	10.8	14.3	15	18.8	21.2	25.2	28	31.5	7.9	10.4	13.7	17
2014	21	24.7	24.7	28.6	30.9	7.9	10.3	13.3	17.8	20.2	24	26.4

año	enero	febrero	marzo	abril	mayo	junio	julio	agosto	sepbre.	octubre	novbre.	dicbre.
2015	3.3	34.7	7.6	12.1	13.9	17.6	20	23.9	27.6	3	6.2	9.2
2016	12.9	16.2	18.2	22.2	24.9	28.2	30.8	7.2	11.2	13.2	17.2	20.2
2017	23.6	27	28	4.6	7.1	10.9	13.2	17.2	20.3	23	27.2	30.2
2018	6.4	9.8	10.7	13.9	17	20.3	23	27	3.4	5.8	9.7	12.2
2019	16	20	20.1	24.3	26.1	29.6	5.9	9.7	13.1	16	19.2	22.2
2020	26	28.9	30.4	7.7	10.2	13.7	16.4	20.3	24.3	26.4	30.3	5.8
2021	9	12.9	13.3	17.2	20	23.8	26	29.6	5.8	9.3	12.8	15
2022	19.3	23	23.2	27	29.8	33.3	9	12.8	15.8	19	22.8	25.1

156

Índice